白岩◎著

南方出版社

·海口·

图书在版编目（CIP）数据

有话直说 / 白岩著 . -- 海口 : 南方出版社 , 2025.

3. -- ISBN 978-7-5501-9590-5

Ⅰ. C912.11

中国国家版本馆 CIP 数据核字第 20254SX335 号

有话直说

Youhua Zhishuo

白岩　著

责任编辑：吴柳

出版发行：南方出版社

社　　址：海南省海口市和平大道 70 号

邮政编码：570208

电　　话：（0898）66160822

传　　真：（0898）66160830

印　　刷：三河市九洲财鑫印刷有限公司

开　　本：710mm×1000mm 1/16

印　　张：12

字　　数：·180 千字

版　　次：2025 年 3 月第 1 版

印　　次：2025 年 3 月第 1 次印刷

定　　价：56.00 元

楔 子

▶ 有话直说，还要情商在线

拒绝八小时外加班、拒绝企业"画饼"、大声向老板说"不"、抵制职场内卷和职场PUA、敢于职场维权……随着新一代职场人闪耀登场，他们在职场中刮起一阵"整顿职场"的青春风暴。这股清新犀利的职场新画风强烈冲击着职场旧秩序，让人看到职场环境重新洗牌的希望。

和前辈相比，现在的职场人手握更多整顿职场的资本。他们拥有更为优渥的家庭条件，从小没有生存压力。相当一部分人上班只是为了满足精神追求，看重个人兴趣、社会价值等非物质性因素。他们在网络化环境成长，思想开明，视野宽广，自我意识强烈，坚决抵制各种职场人情世故，追求更简单、更直接、更平等的人际关系。他们初生牛犊不怕虎，敢于对职场压迫说不，往往一句话就怼得老板或同事无言以对。

我们不否认整顿职场对建立公平规范职场规则的积极意义。然而，太刚则折，很多人直来直去的秉性在和传统价值观针尖对麦芒时，容易因为不通世故的"低情商"反噬自己。比如，"整顿职场"、随意跟风裸辞，将与别人的矛盾冲突视为一种真性情的表达或单纯情绪的发泄，将"整顿职场"变成"对抗职场"，最后可能因为一句话不当影响工作，丢掉饭碗。

现在很多人在处理职场之外的人际关系时，比如恋爱、交友以及与家人相处，同样因为过于自我的意识和率直的性格，言行刚直引发矛盾，造成朋友失和、恋人误会和亲情纠纷。所以，职场中人要想在所谓"整顿职场"的浪潮中真正走向成熟，成为未来社会的主流力量，不仅要坚持率直的秉性及以我为主的价值观，还必须懂得保护自己。在职场和人际交往中，从言谈交流开始学习、在表达观点和情绪时既要有话直说，还要善于直说！

目 录

第一章

▶ 陌生人见面，如何避免社恐

本章精华 示好但不讨好

高尔基说："对别人的友好，不是无底线地讨好！"有的人，尤其是初出茅庐的职场小白，想要获得领导和同事的关照，从而迅速立足，在初次见面或没有完全熟悉的情况下，就毫无原则地巴结上司讨好同事。他们对别人的事情非常上心，哪怕自己不开心，也要让别人常开笑口。沟通工作小心翼翼，生怕得罪身边的各路大神。遇事毫无主见，即便有些灵思妙想也会压在心底不敢轻易表露。

在陌生人面前全力讨好的行为，往往以牺牲自己的个性和利益为代价。长期如此就会让你如履薄冰，别人觉得你的委曲求全理所当然，经常将你当软柿子拿捏。因为你缺乏主见和担当，工作能力就会停滞不前，迟早沦为同事眼里可有可无的闲人和废人。毕淑敏说："我们的生命不会因为讨好别人存在。"因此，哪怕你是一个职场新人，面对陌生的老板或同事，应该关心自己的需求和感受，保留你对别人的好。多取悦自己，才能更好地取悦别人。

搞定 HR 的面试金句

和面试官第一次见面好比相亲大会，要想从众多求职者中脱颖而出，让面试官对你"一见钟情"，第一眼"首因效应"的重要性甚至超过你精心制作的简历。有的求职者为了留下美好的"首因效应"，过度谄媚 HR，八字还没一撇就大表忠心，结果反而给 HR 留下华而不实的坏印象。来看一个刚毕业的大学生与 HR 的对话。

HR： 你对我们公司了解吗？

应聘者： 我读大学时就梦想有机会到贵公司上班。我一直关注你们的发展，对贵公司的情况了如指掌。

如果你是面试官，听到这番拍马屁表忠心的回答作何感想呢？你不但觉得这个人言行轻浮，还会细思极恐。一个刚毕业的大学生有何能耐对求职公司了如指掌？如果他没说大话，是不是对公司内部的人事关系提前调查了？如果是，只能证明他精于算计，如此有心机的人你敢录用吗？

如何回答 HR 这类问题最合适呢？很简单，你知道多少回答多少，不要刻意夸大追捧，让面试官认为你追不及待想要加入他的团队。

HR：来应聘前对我们公司了解吗？

应聘者：我在招聘网站了解过贵公司一些情况，贵公司业务范围和发展理念和我的专业比较吻合。如果有机会加入我将感到十分荣幸。

HR 面试时还会问求职者"为何离职"等关键问题。有些求职者喜欢通过贬低前东家来抬高新公司。这种"厚此薄彼"的做法很容易让 HR 反感，认为你是在过河拆桥，没准将来你再次跳槽时也会吐槽他们。

HR：你之前上班的地方非常不错，为何想要离开呢？

应聘者：那家公司效益的确可以，但实力比贵公司差得远。我在里面工作两年遇到发展瓶颈，所以才想换一个像贵公司这样更有前景的舞台提升自己。

即便你是企业需要的大神级别人才，老板也从不喜欢不懂得感恩的员工。不管你是因为什么原因离开上一个企业，在新东家面前都要对老东家怀有感恩之心，不要轻易贬低它。

HR：你之前上班的公司非常不错，为何想要离开呢？

应聘者：如您所言，在那里老板和员工、同事和同事之间相处都很好。它对我有栽培之恩，离开它我十分不舍。只不过为了我的长远发展，还是想要换个环境挑战自己。

HR 还会关心求职者的薪资需求。这个敏感问题如何回答呢？有的求职者为了增加胜算，主动表达薪资多少无所谓，只要给一个机会就行。殊不知，你对薪资委曲求全，反而让面试官认为你能力不足。这种情况下，我们完全可以根据公司公布的薪资标准适当提高期望。比如该公司在招聘信息上公布的底薪是 5500 元—6500 元 / 月，你可以取一个中间值。

HR：如果我们有幸合作，你对薪资的期望是怎样的呢？

应聘者：我期望的薪资是 6000 元 / 月，但我非常重视职业规划和企业文化，如果有幸加入，我一定全力以赴，相信公司会给我一份合理的报酬。

第一次见老板说什么

有人认为，我只是一个普通员工，平时和老板离得远，很少直接打交道，因此对老板敬而远之并无不妥。但站在老板的立场，他会尽可能地了解每个成员，即便是一个刚刚加入团队的新人，他或多或少也会关注。毕竟团队每份工资都是老板自掏腰包，他要对团队所有人负责，想看到每个员工给企业带来的价值。更重要的是，他必须"深入基层"挖掘员工潜力，为企业长期发展挑选可用之才。

即便你是一个最底层的普通员工，也可能随时和老板打交道。如何在与老板第一次见面时留下一个好印象，对你的后期发展至关重要。

和老板第一次见面有很多种情况，可能是正式的场合，也可能是非正式的地方。不同的场景，我们对老板说的第一句话自然不同。

比如，你第一天上班，老板突然从你的办公室或工位旁经过时，一般会主动过来打招呼，哪怕是一个随意的微笑和点头，也能显示他的亲和力。如果你事先做足功课，知道或猜到他是老板，马上站起来，面带微笑，用一句话简单介绍自己："上午好 ×× 总，我是公司 ×× 部门新来的员工小×，请 ×× 总指教！"这时可以尝试与老板保持眼神接触，目光不要慌乱或刻意回避。记住，你不能主动和老板握手，必须等老板先伸手。如果老板没有和你握手的意思，你就保持自然的微笑自我介绍即可。

如果你不知道走过来的人是老板，还是应该马上起身，保持礼貌的笑容，简单明了地介绍自己：

老板：你好。

小杨：上午好领导，我是公司策划部新来的 AI 策划师小杨，请领导多多指教。

老板：欢迎你加入我们的团队。

小杨：谢谢领导，我一定用最快的时间熟悉工作。

如果你来公司有一段时间，平时和老板都是保持简单的礼貌问候，但某天你需要亲自到老板面前汇报工作。在这种比较正式的场合，需要抓住时机，简单介绍你的工作经历或特长，加深老板对你个人形象和工作能力的良好印象。

小杨：张总您好，有一份文件需要您签署。

老板：你是策划部新来的小杨吧？

小杨：是的张总，我上周一刚入职。谢谢张总的关心。

老板：这几天你表现不错，继续保持。

小杨：感谢张总赏识。能够加入公司我非常开心，所以这周我都在努力学习公司文化和工作内容，希望能得到张总和同事们更多指导帮助。

有一种比较尴尬的情况，如果你和老板平时在公司都是简单的眼神交流，老板对你的情况不了解，你们在公司之外突然相遇，比如你上班时与老板在电梯间"狭路相逢"，这时不要慌乱局促，而是主动打招呼。

小杨：上午好张总。

老板（礼貌地点头）：你叫什么名字？

小杨：张总，我是公司策划部新来的 AI 策划师小杨，请张总多多指教。

当然，如果你有足够的忍耐性，亦可以向毛遂致敬，在老板面前一直保持低调，等待属于你的"不鸣则已，一鸣惊人"的机会。只不过，在快节奏的现代职场，就算你想做一只"忍者神龟"，也不会有多余的时间和机会让老板慢慢淘到你这块未经雕琢的璞玉。

一句话和新同事打成一片

有人天生自带一层黏合剂，换到任何陌生环境都能快速和身边人打成一片。但毕竟物以类聚，人以群分，要和新同事迅速熟悉并不容易。有人的地方就有江湖，即便你的部门只有两三个人，也是一个小江湖。就像一个职场段子所描述的，一个五人部门竟然有七个私聊群。虽然同在一个部门，大家部门利益一致，但部门利益一旦分解到个体身上，就会出现很大差异。

所以，当你作为一个新人融入这个部门，你在为部门带来新的活力的同时，也造成了新的竞争和新的利益分配方式。你不是人民币，别指望所有人喜欢你。你想快速地和新同事打成一片，一定需要一个过程，并且要把握好这个过程中的每个环节。

与新同事第一次见面做自我介绍时，第一句话以及你说这句话时的表情和语气，将会对你以后和他们的相处产生微妙的影响。你要利用这个机会展露谦逊、自信和独特的魅力。

如果你没有任何身份背景，在介绍自己时也不要刻意示弱或巴结。比如："大家好，我叫小杨，初来乍到，还请大家多多关照！""大家好，我是你们的新同事小杨，在座都是我的前辈，还请各位前辈对我多提携，如果我有做得不好的地方，请大家多加指正！"

哪怕新同事是功高盖主的公司元老，你在保持谦逊的同时，也别忘了展现从容自信的心态。

部门经理：让我们用热烈的掌声欢迎新同事小杨的到来！

小杨：大家好，我是小杨，很高兴能和大家共事。我真诚希望以后的工作中我们可以相互提携，合作愉快！

好好体会"大家多多关照"与"我们相互提携"两句话传递的语境和心态的不同，很显然，虽然都是客套话，后一句话更彰显你的独立自信。

如果你是一个突然空降的部门领导，第一次和下属见面时，如何既能立威又能俘获人心呢？新来的部门领导容易犯两个极端错误，一个就是初次见面高举杀威棒，结果反碰软钉子，激起下属的排斥情绪：

> 张小峰：大家好，我是总部专门调任的策划部新经理张小峰，以后由我带领大家一起工作。希望诸位和我一起努力，快速改变部门的工作面貌！
>
> 下属（内心暗骂）：拽什么拽，总部来的又怎样？没有我们的支持，你还不是很快被撤！

第二个极端错误，担心强龙压不过地头蛇，为了笼络人心，第一次见面就在下属面前刻意示弱，比如："大家好，我是策划部的新经理张小峰，希望大家以后多支持我的工作。我有哪些地方做得不够好，请大家及时指正！"这样的自我表白，下属会觉得你是一个软柿子，可以被他们随意拿捏。要不就是："大家好，我是策划部新经理张小峰，我向大家保证，只要我们齐心协力，我们部门一定能成为公司最优秀的部门！"初次见面就画大饼，让下属觉得你没有务实的领导作风。

一个睿智的部门领导第一次面对下属时，总会在谈笑之间，不动声色地展露自己的管理风格，来看下面这个场景：

> **张小峰：** 大家好，我叫张小峰，是公司新任命的策划部经理。很开心和大家共事，感谢大家对我的欢迎和支持。我希望能和你们一起按照公司规定和部门制度严格要求自己，也希望通过我和大家的经验，让我们部门越来越优秀！
>
> **下属：** 欢迎欢迎。

如果你是下属，面对新领导这番从容不迫的自我介绍，即便想要给他一颗软钉子碰碰，恐怕也会有所顾忌吧。

第一次面见客户的自我介绍

美国著名销售大师乔吉拉德有一句名言："一个真正的业务员，他首先要做的绝不是推销产品，而是向客户推销自己。"这位世界最伟大的销售大师从 1963 年到 1978 年期间共卖出 13001 辆雪佛兰汽车，连续 12 年保持吉尼斯世界纪录大全世界销售第一的宝座，平均每天销售 6 辆汽车，这个神迹至今无人能破。

第一次面见客户，如果不能在三十秒以内做好对自己和公司产品的介绍，激发客户的兴趣，就无法赢得和客户继续谈下去的机会。在三十秒以内，你必须让客户清楚三件事：第一，你是谁，你代表哪家企业？第二，你拜访的目的是什么？第三，你的产品对客户有什么价值？

有的销售员第一次见客户，就对客户一顿猛夸，想以这种方式打破初次见面的陌生感，赢得客户"芳心"。比如："哇，谢总，你看起来好年轻啊！""张总，你比我想象的还要有魅力！""徐总，你今天这身旗袍太符合你的气质了！"殊不知，初次见面在彼此不熟悉的情况下捧杀客户，不但会让客户觉得你草率，而且会白白浪费三十秒黄金时间。

有的销售员缺乏赞美的意识和技巧，陷入另一种欲速不达的窘境。来看一个瓷砖销售员第一次面见客户失败的自我介绍：

销售员：您好马总，我是一家瓷砖工厂的业务经理小刘，想向您推荐我们的最新产品。

客户：不好意思，我现在忙，没时间了解这些。

销售员：马总，不会占用您多长时间。

客户：真的不好意思，我马上要开会。

　　显然，销售员这种单刀直入的自我推销方式，既没有准确传递公司产品亮点，也没有找准客户真正的需求，自然无法吸引客户兴趣。但如果换一种目标性更强的方式，效果就大不一样。比如下面的场景：

销售员：您好马总，我是某某陶瓷公司的业务经理刘畅，我了解到您这边有新型瓷砖的购买需求，正好我们公司刚生产出一批低碳环保的新瓷砖，相信一定能满足您这方面的需求。

客户：是的，我们的确有这方面需求。只是我马上要开一个会。

销售员：没关系，马总，请您给我两分钟，我简单为您介绍一下这款新产品的特点。然后我把这份产品资料留给您，您看好吗？

客户：好，请您抓紧时间介绍。

　　第二段自我介绍让客户听了，不仅会对销售员及其企业的身份和名称更明确，更关键的是，客户会因为对方可能满足自己的需求，愿意给对方继续推销的机会。

第一次拜访客户如同破冰，如果通过三十秒黄金机会争取到更多交流时间，接下来就更不能浪费，要趁热打铁地完成以下目标：第一，进一步陈述你的产品和你能带给客户的价值，让客户感受到你这样做，是在帮助他解决问题，从而实现共赢；第二，询问客户的感受和想法，如果客户有自己的思路和见解，在不影响整体价值传递的情况下，尽可能顺从客户的要求。比如你可以这样说："您觉得这样可以吗？"

陌生聚会这样介绍自己

对不善交际的人来说，陌生聚会是最容易发生社死的场合。人在江湖身不由己，我们经常不得不参与各种陌生聚会。比如闺蜜相亲非要你去把关；朋友吃饭，死皮赖脸拉你挡酒；合作伙伴应酬，叫你一起去饭桌拓展人脉。面对这些推脱不掉的聚会，我们何不顺水推舟，做好对自己的推销，通过出色的自我介绍赢得新的信任、机会和友谊呢？

这种应酬式的陌生聚会，经常使用的自我介绍无非五种：第一，简单明了："大家好，我是陆飞，是小超的好朋友，很高兴今晚见到大家。"第二，为自己贴上身份或职业标签，从而获得更多合作机会："大家好，我是陆飞，从事软件行业，很开心有机会与大家交流。"第三，抓住聚会人员的共同点自我介绍："大家好，我是陆飞，非常高兴能和大家相聚。我知道今天的现场有很多骑友，我也喜欢骑游，希望有机会大家一起骑游。"第四，在正式的商务聚会场合，通过自我介绍表达感谢："大家好，我是陆飞，非常感谢主办方邀请我参加今天的聚会，让我有机会与大家相识。"第五，塑造自己幽默有趣的独特形象，吸引更多人关注："大家好，我是陆飞，虽然我不善言辞，不会聊天，但我保证今晚会努力让这次聚会变得有趣。"

陌生聚会最尴尬的就是，其他人在一旁谈得热火朝天，你却因为缺乏共同话题或找不到插嘴的时机，只能一直充当听众，随时保持善解人意的笑意，脸颊肌肉都笑僵硬了，你还是聚了个寂寞，变成最失意的那个人。

如果你实在和他们没有共同话题，不如聊聊你们某个共同的朋友或熟人。虽然你们是陌生人，但或多或少都有共同认识的人。你可以主动聊聊这个人的近况，或和他一起时发生的趣事，但不能轻易拿这个共同熟人的隐私或不好的事情八卦。比如下面这段对话：

甲：你也认识张薇啊，世界真是太小了。

乙：要不说我和你怎么这么有缘呢，改天约张薇一起喝两杯。

甲：喊她喝酒啊，恐怕有点困难。

乙：为什么呢？她不是一直喜欢喝酒吗？

甲：哎，别提了，就是因为她经常在外面喝酒，老公都要和她离婚了。

乙：啊？这个……

想想看，如果乙和张薇是很好的朋友，听甲这么口无遮拦地传播她的婚姻矛盾，乙会不会恨不得替张薇抽甲两嘴巴？就算乙和张薇是一般的朋友，如果乙某天和张薇喝酒时，把甲八卦张薇的事情告诉她，张薇还会当甲是朋友吗？

陌生聚会遇到聊天冷场时，还有一个应急救场的方式，马上拿起手机打开抖音，找到一个大家感兴趣的热点事件，突然惊呼出来，你立即就会成为控制整场聊天节奏的人。

甲：哇，你们快看抖音，某某明星塌房了！

乙：不会吧！

丙：身为公众人物，还不懂得约束自己，真是太过分了！

旅途中的"搭讪"怎么拒绝

乘车的数小时是最寂寞最难打发的时间，高铁上聊天的确是消解旅途的疲惫和无聊的最好方式。虽然古语说得好："十年修得同船渡"，但毕竟高铁上面对的是陌生人，聊天具有一定的风险。当你感到聊天不悦或意识到危险时，应该果断拒绝闲聊。

比如你是一个容易吸引别人目光的美女，恰巧你旁边坐了一个油腻大叔，大叔用找你借充电宝的借口搭讪，你该如何回绝呢？

油腻大叔：美女，谢谢你的充电宝，你不但人漂亮，心还这么美。

美女：举手之劳而已，不必客气。

油腻大叔：美女怎么称呼，你这么漂亮，名字一定非常好听吧。

美女：呵呵，你过奖了。

油腻大叔：你在哪个站下呢？

美女：哦，就前面几个站。

油腻大叔：要不，我们加个微信？

美女：不好意思，我打个电话。喂，老公，我一会儿就要下车了，你来车站接我啊！

如果油腻大叔还要继续唠唠叨叨，你干脆戴着耳机闭目养神。对方见你如此冷漠，就会觉得自讨没趣，不会再像苍蝇在你耳边嗡嗡嗡地说不停了。

高铁聊天一定要具备基本的自我保护意识，不能随意将一些敏感的个人隐私泄露给对方。因为你不知道对方的真实身份和人品。但有人聊得兴起，不但会和对方称兄道弟，还会毫不设防地告知自己的关键隐私。试想，如果对方是一个正在寻找作案目标的坏人，你岂不是成了那块主动送上嘴的肥肉？记住，如果出现下面三种情况，请及时终止聊天。

场景一：当对方反复询问你的工作细节和收入明细时。

甲：张先生，你太了不起啦，年纪轻轻就是大区经理，你这次出差住哪个酒店？到时出来喝两杯。

乙：老弟你提醒我了，我忘记订酒店了。我得给行政经理打个电话。

场景二：当对方不断试探你家所在地和家庭成员情况时。

甲：张先生，你说你去年刚买房子，是不是在天河区那边啊？我舅舅在那边也有两套房。

乙：那边我们很少去住。我们经常住其他地方。

甲：房子多就是好，张先生一般住哪里呢？

乙：这个说不准。

甲：张先生这么孝顺，你的父母一定和你住一起的吧？

乙：呵呵，不好意思，我回个信息。

场景三：当对方试图打探你孩子的出生日期，就读学校等详情时。

> 甲：张哥，你现在有几个孩子呢？

> 乙：两个。

> 甲：是一儿一女吗？

> 乙：对啊。

> 甲：儿女成双，张哥真幸福。张哥，你孩子读市实验中学吗？

> 乙：说起孩子你倒提醒我了，我得在网上传暑假作业了。

高铁上和陌生人聊天，时间一般控制在二十分钟。超过二十分钟，建议你可以选择停止或借故离开一会儿。还有一种情况必须警惕，如果一个人多次找你聊天，你应该适当回避。如果对方总是对你提问，而且一次比一次问得细，不管他是以什么理由，哪怕是向你抛出合作诱饵，你一定需要保持高度警惕。

相亲时如何避免一句话聊死

两个人第一次见面互生好感，却找不到聊天的话题，只能一问一答查户口式地机械聊天，慢慢就会将双方的热情耗尽。两个人第一次见面没有看对眼，心想给对方留一点面子聊完走人，却没想到一句无心的话变成伤害对方自尊的狠话。这些是不是相亲时经常遇到的聊天死局？相亲好比短兵相接，和自由恋爱相比，没有事先的相互了解，所以很容易出现一句话把天聊死的窘况：

> 男：请问你今年多少岁呢？

> 女：二十五。

> 男：二十五岁啊，我比你大三岁，哎，我们都是大龄青年，难怪找不到对象啊。

> 女：……

再看一段相亲时的尬聊：

女：你一个月多少工资呢？

男：五六千吧！

女：就这点收入，怕十年都很难攒够一套房的首付吧？

男：……

还有一种比较典型的情况：

男：我刚离婚，你不介意吧？

女：我不介意，我也离过婚。

男：方便告诉我你离了几次？

女：……

相亲对象第一次见面，便迫不及待单刀直入问一些有关年龄、收入和感情史的敏感问题，就容易几句话把天聊死。当然，相亲关心这些问题无可厚非，但相亲不是做交易，如果见面就聊功利性话题，说明你这个人过于物质和现实，难免会让对方反感。况且，对大多数需要通过相亲解决终身大事的人来说，只是在事业和感情方面没有很好的兼顾，何苦要相互揭短呢？

要想提高相亲成功率，还得从性格、兴趣爱好方面作为突破口。了解对方的兴趣爱好，看自己和对方性格是否相投？只有在这些方面有共同语言，才有进一步互生好感、深入交流的可能，比如下面这段相亲时的聊天：

男：听朋友说，你平时很喜欢旅游？

女：旅游是我最大的爱好。我没事就喜欢到处走走看看。

男：这样啊，我也很喜欢旅游。上个月我才去了西安。对啦，你对西安也很熟悉吧？

女：西安我还没去过，有时间我一定会去看看。

男：那你一定得去，尤其要参观兵马俑。如果有机会，我很乐意给你做私人导游。

女：那就先谢谢你咯。

只要找准共同的兴趣爱好，大家就会迅速地变得热情起来，有说不完的话题。这样就不用担心无话可聊，或一不留神陷入聊天死局的尴尬。

相亲聊天时，还要多观察和照顾对方的心情、感受，从情绪方面引发共情，这样就能以最快的速度得到对方认可，让对方认为你就是最懂他的那个人，油然而生相见恨晚的感觉：

男：我看你神情有点疲倦，是不是昨晚加班了呢？

女：是啊，老板逼着周末交合作方案，不加班不行啊。

男：实在抱歉，你这么忙还来见我。

女：没事啦，就当忙里偷闲，放松放松。

男：要不，我给你点一杯咖啡，需要加糖吗？

女：谢谢，加一块吧。

毫无疑问，这就是一次非常成功的相亲聊天。男方通过细致观察，看到女方精神状况不佳，便猜到她是不是加班熬夜了，非常绅士地表达了自己打扰对方的歉意，十分体贴地给对方点了一杯咖啡。如果你是女方，面对一个细心体贴的相亲对象，是不是也会怦然心动呢？

相亲时，我们要多聊具体的话题，不要聊抽象的话题。比如聊起一部电影和一本书，如果你只是问对方是不是好看？对方肯定会回答好看或不好看，之后就没有话了。你一定要问一些细节："你觉得这部电影的男主角如何？"这样就让相互之间有更多的探讨空间。还有就是，一定要多聊开放式话题，少聊封闭式话题。因为封闭式话题只能回答"是"或"不是"，如此，岂不让相亲变成警察和疑犯之间的审讯对话了？

如何加陌生人微信

加陌生人微信是一个非常敏感的事情。因为网络诈骗太多，我们越来越注重保护隐私，不会轻易向陌生人透露电话、微信等信息。很多人都将微信设置了禁止陌生人添加好友的权限。

但有的时候，我们出于工作或交际需要，不得不尝试加陌生人的微信。这种情况下，如何才能打消对方顾虑，成功添加对方微信呢？

小张是一个房产销售人员，接待一个客户长达两小时，客户临走时小张请求添加对方为微信好友，却遭到客户的拒绝，小张感到很失落。来看小张为何没能添加客户的微信：

小张：李哥，我们加个微信吧。回头我把户型图和园林景观图发几张给你。

客户：这些我都了解得差不多了，不用那么麻烦了。

> **小张**：加一个嘛，公司有什么活动我也好通知你。

> **客户**：我老婆经常翻我手机，她不喜欢我随便加人。有事你还是打电话。

小张犯了三个明显的错误。第一，他没有了解客户新的需求。因为客户通过两小时的交流，该了解的东西都清楚了，没有必要再加销售人员微信让自己受到"骚扰"；第二，小张请求加客户微信时明显自信心不够，理由不明确，引起对方反感；第三，小张没有展示自己的优势，告诉客户和他成为微信好友会获得哪些新的利益或帮助。

不管在什么场合，当你主动加对方微信的时候，首先要了解对方需求，让对方知道，你可以为他的需求提供建议或帮助。比如，如果发现对方喜欢钓鱼，你可以谈论你在钓鱼方面的一些心得，并以此为契机，通过加微信预约下次野钓。第二，提出加对方微信好友时，要保持足够的自信和礼貌，使用简单明了的语言。让对方明白，你不是乞求他的联系方式，而是希望建立一个平等的交流机会。同时，使用简单的语言可以避免表达的模糊不清，让对方不困惑。第三，适时展示自己的优势并给出合理的理由，增加你的吸引力，让对方对你充满兴趣。最后，一定要选择合适的时机，给予对方选择权。比如在正式的商务聚会时，尽量不要在人多的时候添加别人微信，这样可能会引起不必要的误会。

回味下面这段成功添加陌生人微信的正确方式：

> **业务员**：李先生，我们项目的基本情况，您都了解了吧？

> **客户**：谢谢你，了解得差不多了。

> **业务员**：刚才听您说很喜欢钓鱼，真是太好了，我也喜欢钓鱼，我有很多钓友都是像李先生这样的成功人士。

> **客户**：是吗？

> **业务员**：对啊，既然大家都喜欢钓鱼，如果您有机会认识他们，说不定有合作机会呢。

> **客户**：什么时候空了约一下？

> **业务员**：那我们加个微信，等我约好他们再微信告诉您。

第二章

▶ 我的人生，拒绝做社畜

本章精华　懂得拒绝是一种人生智慧

毕淑敏说："拒绝是一种权力，就像生存是一种权力。"生活中，经常可以看到有这样一类人、他们平易近人，和他们相处会让人舒服。但他们有一个共同的缺点，不善于拒绝别人。他们身边看似有很多朋友，但真正交心的朋友少得可怜。为什么会这样呢？因为围绕在他们身边的朋友几乎都是有求于他们的人，他们总会不遗余力满足别人的要求，哪怕是自己力不从心，根本不可能满足对方。

不懂得拒绝别人，会有两种结局。第一，别人认为他们有求必应，是老好人，丝毫不介意对他们的请求。在得到他们一次两次的帮助后，就会变本加厉要求他们，让他们越来越累。第二，一旦他们因为自己的能力无法为别人提供帮助，别人就会感到失望，充满误解，认为他们故意不尽心，甚至对他们心生怨恨，这就是我们常说的"斗米恩，担米仇"。

所以，无论是在职场中，还是在生活中，我们都要懂得拒绝，学会对别人的要求说不。单方面的妥协与付出不能帮助你长久地维持感情和人际关系。一旦别人对你的要求让你感觉是一种负担，或者有悖你为人处世的原则，就应该坚决拒绝，大声说不。

如何拒绝老板不合理要求

明明你不胜酒力，老板非拉着你去应酬；明明周末要陪孩子去游乐场，老板却一个电话催你回公司加班；明明和老板没什么深交，但老板的母亲六十寿辰给你发了请柬……职场中，我们都会遇到很多类似这样的来自老板的不合理"压迫"。

面对老板自上而下的不合理要求时，如果我们直接拒绝，会担心被穿小鞋断送前程。但如果找不到拒绝的办法，就会被老板一次次地变相榨油，只能把不满和委屈往肚里吞。

拒绝老板的不合理要求并非难事。我们首先要分清的是：哪些事情是应该我去做的，哪些事情我可以不做。比如，你负责的一个大客户出问题，需要老板出面调解关系，这时老板让你一同应酬，你就不能随便拒绝。

但如果是这种情况：你是一个高颜值的员工，老板为了争取新业务，点名让你一起陪客户喝酒，这时你不能直接拒绝，需要找一个巧妙的理由。比如：

老板： 小吴，今晚我要和王总谈下半年的合作，王总点名要你作陪。

小吴： 老板，真是不巧，我爸爸妈妈今天过来看我，晚上七点下飞机，我得去机场接他们。

老板： 我让司机小王帮你接二老。你要是爽约恐怕会影响我们和王总的合作。

小吴： 谢谢老板关心。您今晚喝酒应酬，小王需要在您身边照顾您，再说老板您谈生意的能力是公司最强的，您一定能说服王总。请您替我谢谢王总的惦记，我爸爸妈妈回去后，我一定再约您和他吃顿饭。

这个场景中，小吴这个借口远比诸如"身体不舒服""感冒吃头孢"等蹩脚的理由听起来更真实，更通情达理。而且，小吴拒绝老板的要求时，不失时机地为老板戴高帽，巧妙地使用了缓兵之计，做出以后补偿这次遗憾的许诺，证明自己并非故意推脱。

拒绝老板不合理的要求，对老板不会造成什么实质性损失，只会让他感到没面子。只要我们认识到这一点，在拒绝老板的时候抚慰好他失落的内心，让他的面子得到补偿，他就不会和你计较。

再来看下面这段拒绝老板的对话：

老板： 周经理，这个月还有十天，我们不能失信客户，那批三万件订单无论如何都要完成！

周经理： 老大，你平时让我上刀山下火海，我眼皮都不会眨一下。但十天完成三万件订单，我和生产部的同事就算豁出老命也办不到啊。

老板： 少给我油腔滑调，你的能力我还不清楚吗？

周经理： 我能力再强，也是老大栽培的结果！我一定尽力完成！

小周用一种插科打诨和戴高帽的方式，委婉表达了十天完不成三万件订单的观点，但仍然会努力接近这个目标。到时就算没有完成目标，老板惩罚小周，等同于自己打自己的脸。

所以，拒绝老板不合理要求时，一定不能把话说得太直，太生硬，让老板下不了台。有时我们不妨先答应，让老板认可你积极的态度，然后再暗示这个要求有难度或不合理，让老板主动降低难度。比如，你可以说："老板，让我做这件事没什么问题。只是我手上还有两个重要的项目在推进，如果您同意的话，我可以把其中一个放一放，先把您交代的事情完成了。"老板听到这样的回答，就会思考他让你做的事情和你正在做的事情孰轻孰重，他也许就会知难而退，收回他的不合理要求。

老板画饼信三分

说到年轻人"整顿职场"，他们最反感的就是画饼。但又有几个老板不给员工画饼呢？任正非说得好："要相信人的内心有比钱更高的目标和追求，愿景、价值观、成就感才能更好地激发人！"老板喜欢画饼，一方面是真心实意出于对企业和员工发展的考虑，尝试表达自己的愿景，希望员工和自己共进退。这样的饼，我们可以称为比较务实的"真饼"，它可能实现，也可以相信。但另一方面，老板画出的饼就像是水中花镜中月一样虚无缥缈，只是纯粹给员工打鸡血，让员工心甘情愿为他和企业卖命。这样的饼，我们可以称为"虚饼"，只能是画饼充饥。

遇到老板给你画饼时，先不要忙着拒绝，或者忙着相信，而是要保持清醒的头脑，理智判断这个饼能不能实现以及你在这个饼上可以啃几口。

一个刚入职不久的新人，工作能力得到老板的认可。恰好这时，他的垂直领导因为某些缘故遭遇信任危机。一天老板把这位新人请到办公室，有意无意地暗示他，只要他把业绩再往上提一提，就让他代替垂直领导的职位。让我们来看这位睿智的小白是如何应对老板这张升职大饼的：

老板：小徐，你来公司的时间虽然不长，却是连续两个月的销冠。我对你的能力非常满意。如果这个月你还是销冠，我想让你做营销部经理。

小徐：谢谢老板的认可和赏识。我取得这些成绩，离不开老板的指导和公司这个平台。王经理对我的帮助也非常大，我有好几个客户都是他协助谈成的。我毕竟还是个新人，所以想要在一线岗位再磨练一段时间。

小徐的应对值得学习。他清楚两件事：第一，自己现在没有胜任经理职位的能力，但他没有直接拒绝老板的饼，说自己"不想做经理"，只是表示想在一线多磨练一段时间，所以没有堵死想要升职的路。第二，老板也许并非真想罢了小徐垂直领导的职务，他只是想试探小徐的野心，或者希望小徐帮助自己牵制小徐的垂直领导。但小徐没有因为老板的诱惑陷入圈套，反而主动给垂直领导脸上贴金，让老板见识到自己知恩图报的气度。

有时偶尔吃老板画的饼未尝不可，毕竟对职场小白来说，当老板把饼递到自己嘴边的时候，意味着这是你一个锻炼自己的好机会。一旦能力得以提升，将来再考虑如何消化这张饼的问题，比如：

老板：小马，你来公司快两年了吧。按常理早就应该给你涨工资了，只是这两年公司效益不好，请你多担待啊。

小马：我理解，锅里有了碗里才有嘛。

老板：我就喜欢你的觉悟。现在后勤部主管一直空缺，你要是愿意就兼这个主管，只要你做得好，我保证三个月后给你加薪。

小马：谢谢老板赏识，那我就先试试看。

老板给小马抛出一个涨薪的饼，目的就是希望他同时做两份工作。小马何尝不明白老板的"苦心"？他清楚，就算自己做得好老板也不一定涨薪。但他认为这是提升自己能力的好机会，还是愉快地答应了。

经常吃老板"飞饼"的往往是老员工，而不是新员工。老员工愿意吃饼，是为了培养更大的胃口，只要是对自己发展有利，才不管这张饼能不能真的实现。尤其是那些老谋深算的老员工，一面拍着胸脯对老板说："老板，这件事交给我绝对没问题！"一面转过身，自己该怎么做还得怎么做。既然是忽悠，老板会我也会，谁怕谁呢？只要我有能力，就不怕做炮灰，大家面子上过得去就行了！

怎么回绝同事让你帮他做 PPT

对于来自上级的不合理要求，我们为了前途有时只能忍气吞声，但面对和自己平级的同事那些不合情理的要求，我们一定要第一时间拒绝。但是要注意，如果你拒绝的方式过于刚直，可能影响同事关系。所以，拒绝同事不合理要求也是一件技术活。

小李是一名大学应届毕业生，经过几次面试受挫后，好不容易得到一次试用期的机会。面对这个前途未卜的"临时工"，同事都对他颐指气使，大大小小的事情都推给他做。小李心想，自己初来乍到，多干活不但可以快速提高业务水平，还能与同事搞好关系。三个月后，小李凭借"忍者神龟"的心态终于转正了，但同事们还是习以为常地将他当软柿子拿捏。一来二去，小李有了逆反情绪。有一次，一个同事毫不客气地告诉他，自己晚上要陪女朋友看电影，命令他将自己没有做完的 PPT 加班完成。小李表面应承下来，却没有付诸行动。第二天，主管将他和同事叫到办公室追责，结果小李理所当然地变成"背锅侠"，被公司劝退了。

对初入职场的小白来说，小李这样的遭遇屡见不鲜。职场就是江湖，欺软怕硬不可避免。一旦你从开始就抱有屈服和息事宁人的心态，最后成为被同事随意驱使的那个人就不足为奇了。

来看下面这段对话：

老员工：小张，我这里有个方案没有完成，我还有其他事情，拜托你晚上辛苦一下了。

小张：不好意思前辈，我对这个方案不太了解，万一做不好，还会浪费您的时间。

老员工：好吧，那就不麻烦你了。

不卑不亢，有理有据地拒绝同事让自己做的事情，自然让同事无话可说。只要你第一次采取了拒绝的态度，同事自然不好意思再来消耗你的时间和精力。

当你实在不知如何回拒的时候，名正言顺地搬出共同的上司做挡箭牌：

老员工：小张，我这里有一份资料，需要你复印一下。

小张：不好意思前辈，主管刚交给我一份方案，让我下班前必须交给他。如果您要的资料不是很急，我下班后帮您复印好吗？

当你搬出共同上级拒绝对方，就算他心有不甘，也不会"给你几分颜色"，毕竟对方作为职场老油条，也知道领导的事情远比他的更重要。

如果你在实在无法推脱的情况下帮同事完成了某个工作，不要保持沉默，要让对方记住：这次你帮了他，是他欠你一个人情，这个人情是他必须要还的。比如：

> **小王**：朱哥，你让我做的 PPT 我做好了，你看看是不是符合你的要求？
>
> **朱哥**：不错，谢谢你小王。
>
> **小王**：没事，我就加了一个通宵，举手之劳而已，请朱哥今后多多关照。

人与人之间本就应该礼尚往来，当你这次为同事解决了燃眉之急，要让同事意识到，你为他的事情付出了很多时间和精力，当下次你遇到相似难题时，就是他回报你的时候了。

当垂直领导抢你的功劳

你做牛做马地干活，攒下的功劳却让小领导抢了，应该怎么办？有些人愤愤不平就选择越级申诉，一旦垂直领导知道，就会给你各种小鞋穿，开开心心上班都会成为一种奢望，更别提升职加薪了。

遇到垂直领导抢你功劳的时候，不能和垂直领导硬刚。如果垂直领导站在他的角度，认为这些事本就是你应该做的，功劳却是他一个人的，你可以委婉地进行反驳。但假若垂直领导为了帮助下属规避某些风险才揽了你的功劳，也是对你的照顾。毕竟有时邀功也会意味着更大的责任和风险。比如下面这种情况：

> **垂直领导**：小王，我们部门拿到集团先进，你和同事们功不可没。但枪打出头鸟，我们获得的荣誉越高，就越可能遭到其他部门针对。所以这次在老板那里我没给你们记功，你能理解吧？
>
> **小王**：我能理解，谢谢领导的担当。

如果部门的业绩是靠你一己之力完成，老板却只是在员工大会上表扬你的垂直领导，你既不能保持沉默，也不能直接越级找老板请赏，最好的办法就是找垂直领导询问原因：

小廖：经理你好，有个事情我想和你沟通一下。

经理：什么事情，你说。

小廖：我为这个项目付出了很多，为什么老板对我一句中肯的话也没有呢？是不是我还有哪些地方做得不好，请经理指教。

经理：可能是老板高高在上，看不到基层员工的努力，我会找他反映。

虽然这时垂直领导拿老板做挡箭牌，但你至少让他明白，得了便宜必须卖乖。

遇到自私贪婪、睚眦必报的垂直领导，你在他面前的任何辩解都是徒劳。如果到了必须为自己前途抗争的时刻，你可以避开直属领导的风头，利用一切可以展示自己能力的机会，让公司更高层的领导看到你的努力和才华，下次你的功劳就不会被垂直领导轻易抢走了。

某天下班后，垂直领导和部门同事准点打卡离开了公司。你无意中得知人事部经理要加班处理事情，这时你可以留下加班，让人事经理知道你的勤奋：

人事经理：咦，小王，你怎么还在加班啊？

小王：哎，我们部门这个月任务重，我又是项目的主导人，不加班不行啊。

当人事经理得知你为部门做出的默默贡献，即便月末考核时垂直领导将所有功劳揽到他的身上，人事经理也很清楚，真正发挥作用的人是你。

很多用心做事，默默奉献的人最终成为垂直领导晋升加薪的垫脚石，就是因为他们没勇气对垂直领导独揽功劳的做法说"不"。只要你敢于和善于捍卫自己的成果，你的功劳就不会被别人恣意埋没。

领导总让你背锅

人在江湖飘，岂能不挨飞刀？职场背锅不足为奇，有些锅就算你不愿意背，也只能硬扛。做了一个背锅人，就要搞清楚为什么领导和同事总是让你背锅，知道这些原因才能让你选择拒绝背锅还是接受背锅。

职场并不适合用非黑即白、非对即错的标准来衡量。如果领导让你背锅，无非有三种原因：第一，领导想要维护自己。面对上级的批评，领导不会让真正犯错的人顶雷，因为这样做可能暴露他的失察之责。找一个和这个工作有关联的人背锅，既能让自己失察之责得以减轻，还能顺水推舟地拉拢一个效忠自己的人，排挤一个不喜欢的人。遇到这种情况，我们如何拒绝背锅呢？来看下面一段对话：

下属：你好经理，有件事我想和你沟通一下。这次工作失误，我只是辅助谢哥，为什么让我来承担主要责任呢？

经理：我让你辅助他，就是让你监督他。你监督不到位才导致错误，你不承担主要责任，难道让谢哥承担吗？

下属：我明白了，这个锅我愿意背。只是下次遇到同样情况，我希望领导能让我享受和谢哥一样的待遇。

是你监督不到位才导致错误，你应该担责。

我明白了，我愿意背锅，但下次希望我也能享受这样的待遇。

背锅可以，必须得让领导记得你的好。当下次自己犯错，领导自然就会找一个人替你背锅了，这就是职场"等量交换法则"。

第二种情况，领导让你背锅是在鞭策你，希望你忍辱负重吸取教训。比如，你是一个销售人员，但产品图纸出问题了，按照常理领导不会让你背锅。但如果领导这样做了，一定是这两种看似毫不相干的工作出现了问题：

下属：经理你好，有一件事我想和你沟通。这次明明是研发部数据出问题，为什么要把责任推给我一个跑市场的呢？

经理：你不要觉得委屈，研发部所有信息来源都是市场一线反馈的。如果你准确及时地提供这个产品的销售情况，研发部怎么会数据出错呢？

领导需要管理的事情太多了，即便是他经手过的事情，他也不一定做到心中有数。你对他汇报的工作情况，也许第二天他就忘记了。一旦出现纰漏，领导让你背锅就是对你有期望，对你的要求也会更高。

第三种情况，领导无缘无故找你背锅，实则就是推卸责任，只想把你当炮灰。如果遇到这种领导，你必须抛开"畏上"心理，理直气壮地阐明观点。如果领导还是给你穿小鞋，就要绕过领导，通过合适途径反映到更高级别领导那里。

你的奖金必须争取

在网络社交平台上，我们经常看到这样的揭发帖："HR 说好给我 6000 元每月的底薪，但入职后才发现底薪是 2000+2000 绩效，我是不是被忽悠了呢？"

当你遇到这种情况时，证明你掉入一个由老板和人力资源部共同设置的数字游戏陷阱。因为你的薪酬原本就包含了各种工资、奖金和福利，并非一个具体数字那么直白简单。你面试入职时，HR 询问你的期望薪酬，结果你只说了一个笼统的数字，就很容易会掉入这个坑。这时，你应该如是回答：

HR：说说你在工资待遇方面的期望值吧？

求职者：这得看贵公司薪酬体系是什么，比如基本薪酬是多少、绩效工资是多少、提成是多少，而且是否包含了公司代缴的保险？

很多人深有体会，有一种奖金很难拿到，或者说拿到的和老板当初承诺的相比已经缩水了，这笔奖金美其名曰年终奖。每年初的工作会议上，老板为了刺激员工积极性，总会公开许诺该年度年终奖的标准。到了年底，等你满怀期待地想用年终奖解决春节期间的巨大开销时，你才沮丧地发现，老板就凭一句"今年公司效益不好"，年终奖发一半，甚至一毛不拔。

如何争取自己应得的年终奖？首先必须了解公司年终奖的相关规定。倘若年终奖直接和业绩挂钩，甚至包含你每个月提成的未发提留，你可以理直气壮地找直接上司或财务部门负责人索要你的年终奖：

员工：肖经理，为什么我的年终奖只有五千元呢？

肖经理：知足吧，今年公司亏损了，五千已经不错了。

员工：那可不行，我和公司签订的任务书写得很清楚，只要我今年业绩达到一千万，就可以领一万元年终奖。你也知道，我今年的业绩远不止一千万。

不要让自己变成"讨好型人格"

网络流行一个叫"讨好型人格"的热词。何为"讨好型人格"？从字面理解，专指一个人毫无尊严甚至不惜以伤害自己为代价来讨好其他人。这个词用得最多的地方就是在两性关系中，形容一个人明知道对方不喜欢自己，还毫无尊严地努力讨好对方。

来看一段讨好者和被讨好者的日常微信聊天记录：

> 讨好者：你在做什么？
>
> 被讨好者：在忙，什么事？
>
> 讨好者：没事，我就是随便问问，怕断了联系。

有人认为自己是一个绝世痴情种，一旦喜欢某个人，哪怕对方对自己没感觉，也要竭尽所能地施展一切手段，发扬跪舔精神，希望有朝一日打动对方。殊不知，这种毫无原则，牺牲尊严的跪舔行为，非但不能赢得对方的尊重和感动，反而会让对方觉得你卑微，没有气节。用不了多久，对方就会忽视你、厌恶你，把你彻底拉黑。

有些人非常享受这种被讨好的感觉。这种人心理很阴暗，要不就是虚荣心超强，要不就是想从对方手中轻松获得利益。既然是送上门的好处，心安理得地接收也不会感到不安：

> 讨好者：亲，我给你点外卖了，还是你最喜欢吃的土豆烧牛肉。
>
> 被讨好者：哎，又是土豆烧牛肉，你一连点五天了，难道你真不知道我喜欢吃什么吗？
>
> 讨好者：我错了，我错了，你想吃什么？我马上重新下单！
>
> 被讨好者：无所谓啦，你看着办吧。

职场中，也不乏这种迷失自我的"讨好型人格"，为了追求某个对自己根本就不来电的同事，在工作和生活中竭力讨好对方。上班期间，可以不遗余力地帮对方做事，下班后，又绞尽脑汁地给对方点外卖、送花、打车，在对方不经意间流露出的一丝惊喜中幻想着离胜利又近一步，从而获得极大的满足感。

从心理学的角度分析，所谓"讨好型人格"，就是指一种因为一味地讨好其他人而忽视自己感受的人格。讨好型人格不属于人格障碍、心理疾病，只能算一种潜在的不健康心理状态。

即便如此，一个讨好型人格如果长期对喜欢的人特别敏感，没有主见，抬高对方贬低自己，不敢对人提要求和不懂得拒绝，缺乏做人的原则和底线，很可能发展成一种人格障碍，也就是我们常说的心理变态，甚至会出现自虐和伤害对方的情况：

> 讨好者：求求你，回我一个信息好吗？

> （被讨好者未回微信）

> 讨好者：今天是你第二十天不回我微信了，你到底去了哪里？

> （被讨好者未回微信）

> 讨好者：是不是非要我跪下给你看，才能证明我对你的爱有多深？

> （被讨好者未回微信）

> 讨好者：我最后一次警告你，如果你还不回我信息，后果自负。

　　如果你遇到这种不要命的讨好者，你会感到后怕吗？你会觉得对方是在用这种方式威胁你吗？相信绝大多数被讨好者根本不会在乎对方的痛苦，只会把他们当笑话。真正的爱情是建立在两个独立、完整的个体之间的相互吸引的基础之上。当你为了迎合对方失去自我，放弃提升自我的内在修养和外在形象，又如何能真正打动对方呢？

不要让自己变成"圣母"

　　和"讨好型人格"专门讨好一个人不同，生活中还有一种自视伟大博爱，而且永远觉得自己都对的人，他们被称为"圣母"。

　　旧社会，女人必须遵循"三从四德"。今天，女人不再是男人的附庸，离开男人也能顶起半边天，过得逍遥自在。只不过，有些人仍然受到三从四德遗毒的影响，过于善良，不管别人对他好与不好，都会抱以一种宽容博爱的心态。你打我左边脸，我还要把右边脸伸出来让你打，彰显自己大度善良的同时，还要抢占"道德制高点"，用"圣母光环"感化别人：

> 圣母：你连续几晚凌晨三点才回来，总不会每次都是因为业务应酬吧？

> 丈夫：既然你如此介意，我们就离婚吧。

圣母： 离婚？你真忍心让我做出这样伤害大家的选择吗？我是受害者，我不会离婚，我只是担心你，害怕你身体透支出问题。

丈夫： 那你就少在我面前发牢骚，听着心烦。

圣母： 我给你熬了鸡汤，我去热一下，你喝一碗吧。

　　当一个圣母面对丈夫得寸进尺的过错和伤害时，她能用自己的慈悲、宽容和道德说教让丈夫洗心革面吗？恐怕很难吧。这样的回应反而让丈夫觉得圣母软弱可欺。就算你是圣母，这个时候也不能轻言原谅，而是要以事实为根据，指出和批评对方伤害自己，危害家庭和睦的行为：

妻子： 你最近每天都回来这么晚，你能不能不要这样了呢？

丈夫： 你以为我想吗？我每天都那么多应酬，推不掉。

妻子： 我知道你应酬多，但你能肯定每次都是在应酬客户吗？你不考虑我的感受，总得为自己的身体想想。你是我们家的顶梁柱，你要是经常熬夜喝酒身体垮了，让我和孩子怎么办？

在圣母看来，他们心灵的光环可以普照世间一切，哪怕一个人十恶不赦，也要呼吁给对方一个改过自新的机会。来看下面这段圣母为罪犯说话的场景：

网友甲： 这个人太可恨了，怎么能无缘无故地捅伤路人呢？

网友乙： 是啊，无论一个人心中有多大的仇恨，也不能找无辜的人发泄。

圣母： 不知他人苦，莫劝他人善。世界没有无缘无故的爱，也没有无缘无故的恨。我想凶手一定承受了极大的委屈，不得已才做出这些事情。

社交网络平台中，我们经常看到诸如此类的圣母言论，他们无视坏人对别人造成的极端伤害，反而为坏人作恶找出各种动机和理由，竭力为坏人开脱。如果一个圣母沦落到这种颠倒是非，黑白不分的地步，还有何资格以道德捍卫者自居？

就算你真正善良，也不能让你的爱心泛滥，把自己变成一个可以普度众生的圣母。圣母没有底线、毫无节制的善良只会更加激发人性的恶。

第三章

▶ 学会赞美而不是谄媚

本章精华 赞美是一种语言艺术

你喜欢赞美人吗？你知道如何赞美人吗？很多人面对这些问题时，都会感到不屑。夸奖别人谁不会啊？这事有那么难吗？

你还别不信，赞美这件事真不像想象中那么简单。比如面对一个优秀的人，我们很容易陷入两个极端。第一，想要夸奖对方却又难以启齿，因为害怕在夸别人的同时暴露自己的不足，害怕别人误解自己在拍马屁。第二，对别人的成就或长处一顿猛夸，每句话每个字都没有夸到点子上，反而引起别人的反感。

马克·吐温曾经说过："一句精彩的赞美可以代替我十天的面包！"可见每个人都喜欢听别人中肯的称赞。赞美不是阿谀奉承，赞美应该给别人一种美的享受，高明得体的赞美会让人身心舒畅。懂得赞美别人是一种人生智慧，也是一种生存策略，它就像人际关系中的润滑剂，能为你赢得良好的人脉资源。关键是，这些赞美的语言都是免费的，不需要你掏一分钱购买，这样对自己没有损失只有好处的零成本"投资"，为什么不多做呢？

领导发言如何点评

领导开会发言之后，总喜欢让下属点评。这其中自然有领导想清楚下属是否领悟自己思想的因素，同时又折射出领导的一种虚荣心，想听到下属对他发言的认可和赞美。

很多人没有把点评领导发言当一回事，认为无非就是一种形式主义，走走过场，随便奉承两句，说一通"我们一定坚决贯彻执行领导的意见和想法"就敷衍了事。殊不知，这种敷衍并非是领导真正想要的，因为你没有抓住领导讲话中最让他得意的精髓。来看下面这个场景：

> 小何，对我的发言有什么建议？

> 您分析得非常到位，我和同事们一定坚决贯彻。

领导：小何，你来说说，你对我的发言有什么建议？

小何：您对我们部门存在的问题分析得非常到位，让我十分钦佩。尤其是您最后提的三点建议，我和同事们一定坚决贯彻，执行到位。

赞美一定要言之有物，不能空洞地赞美。小何对领导发言的赞美，就非常具体和到位。当然，想要做到这一点，领导开会发言时你就不能开小差，不能打瞌睡，或者内心对领导的发言充满对立情绪。必须全神贯注地倾听，尤其是对领导突然加重语气的内容或者反复强调的内容做好笔记。这样一来，在回应领导讲话时就能抓重点，有针对性。

有些领导发言很喜欢互动，比如他讲着讲着，突然点某某人的名，问一句："小杨，你觉得我说得对吗？"如果出现这种情况，领导可能注意到两个现象：第一，他发现小杨听得非常认真，忍不住想要表扬他一下。第二，他发现小杨心不在焉，想通过这种方式敲打他。甭管哪种情况，当领导点名让你实时互动时，你都应该及时调整状态，做出回应。在回答领导的突然提问时，一定要面带微笑，让目光保持和领导平视的状态：

领导：小杨，你认为我说得有理吗？

小杨：领导刚才那句话非常值得我们深思，我已经记下了。

这种情况下，不要犯两个细节错误：第一，你一个人突然鼓掌，想要以此带动全场鼓掌，结果其他人并没有响应你，让你遭遇孤掌难鸣的尴尬。如果只有你一个人鼓掌，如同刻意讨好，而且有失礼数。从礼仪方面看，在正式的会议场合，一般来说，只有等领导讲话结束后才能鼓掌致敬，很少有讲话时鼓掌的情况。第二，你的点评不要过于肉麻，也不要忙着表决心。因为领导讲话还在进行，他也许还没有将最想传达的想法说出来，你只需让领导清楚，你没有开小差，正在认真聆听他的发言就行了。

有些领导发言很有水平，但不乏一些领导，每次开会都是假大空，还拖沓冗长："今天我只讲三点，第一，第二，第三……"千篇一律言之无物，让人昏昏欲睡。这个时候如果领导让你点评，你也不能敷衍了事，更不能批评嘲笑领导发言不到位。你只需要象征性地表示对领导发言的认可就行了。比如这段对话：

领导：小李，刚才我讲的七个建议，你都记下来了吗？谈谈你的看法！

小李：领导，我已经全部记下了，还专门录了音。会后我一定好好总结思考这七个建议，把它们运用到日常工作中。

同事升职时怎么恭喜

一个职位比你低的同事升职了，和你变成平级，或者一个和你平级的同事升职了，你突然成为他的下级，面对这些情况，你的内心会不会泛起波澜？你是否需要改变和他的交往方式？他对你的态度会改变吗？你又应该如何向他道喜呢？

前一种情况，一个同事升职后与你平级，你的心理落差也许不会那么大。想必这时你对他的恭喜就会坦然得多。你可以当着他的面，直接对他说："谢总，恭喜你正式成为营销部老总了。今后我们客服部和营销部两个部门一定要多互动啊！"没关系，你们不在同一个部门，他的升职对你构不成任何影响，以前怎么相处，现在还怎么相处。

我们要重点讨论的是后一种情况，和你平级的同事升职，突然变成你的顶头上司，他热情邀约你和另外几位平时要好的同事一起吃饭庆祝，你该如何向对方道喜呢？

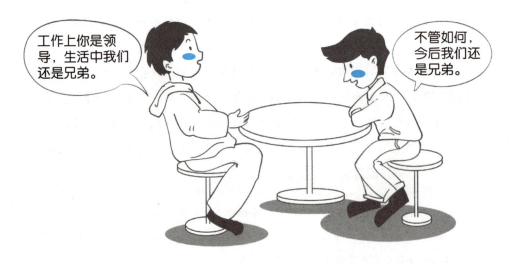

升职同事：王哥，晚上到我家吃饭，我们一起喝两杯。

王哥：兄弟，恭喜你成为我们营销部老大。你能力优秀，升职众望所归。

升职同事：我能得到这个机会，还得感谢王哥和其他兄弟对我工作的支持。不管如何，今后我们还是兄弟。

王哥：工作上你是领导，生活中我们是兄弟。

在这个场景中，王哥和升职同事都对两人的关系处理得十分到位。如果你的能力和这位同事相当，你们平时虽然要好，明里暗里存在竞争关系。对方上位变成你的领导，你就需要时间适应自己的心理落差。比如，他现在升职并不代表你比他差，也不代表你就失去升职的机会。毕竟每个人进步的速度和方式不相同。当你认清这一点，心情就会变得平静，面对对方的时候就会坦然很多。

因为你们过去的朋友关系，在对方升职后，没准有人就会拿你们这种关系说三道四。这种情况下，在你自己保持平常心的同时，你必须防范一些用心不良的人对你和新领导的关系蓄意挑拨破坏。当你听到一些流言蜚语时，一定要清楚自己站在什么立场才对自己更有利。

这时，最难办的就是你和这位新领导的相处方式，你们应该保持怎样的距离才合适呢？在他没有升职前，你们是平级的同事，就算相处亲密，别人也不会说三道四。问题是他现在成为你的领导了，站在他的角度，如果故意和你保持距离，就会害怕你误解他，做领导不顾兄弟感情。但如果他太在乎你的感受，就可能让他在管理中陷入被动。

站在你的立场，同样是一种两难处境。假如你故意疏远他，别人就会说你对同事的升职心存芥蒂，如果你和他的关系太过亲密，别人又会认为你另有所图。这时你们需要确定一个动态的度，既不能太过殷勤，也不能刻意疏远。在工作时间坚持职业化的态度，上下级规矩不能逾越。在工作之外，可以适当维系彼此的情谊，但要减少单独在一起相聚的次数。来看下面这个场景：

> **升职同事**：王哥，我们好久没有一起吃饭了，下班老地方喝两杯吗？
>
> **王哥**：李总，要不把小张叫上吧。
>
> **升职同事**：叫她做什么，我们兄弟喝酒，有外人不自在。
>
> **王哥**：刚好她有一个营销计划要实施，有些地方我有点拿不准，不如趁这个机会，我们一起探讨一下。

这个场景中，也许在李总内心，他感觉最近和王哥关系有些疏远，想通过吃饭联络一下感情。但王哥显得小心翼翼，他可能不想去吃这顿饭，但又碍于情面不好拒绝，于是拉了一个同事见证，在吃饭中顺便讨论工作，就可以让那些别有用心的人闭嘴。

赞美客户的五个小技巧

与客户保持良好关系非常重要。赞美就是和客户增加亲密度，取得客户认可的一个有效法宝。但赞美客户绝对是一项技术活，它体现的不仅是一个人的说话艺术，还反映一个人对客户个性、兴趣、状况的了解程度。先体会下面两个场景。

场景一：

销售员：李总，你今天看起来真漂亮！

客户：哦，是吗？

销售员：是啊，我每次看到李总都是这么迷人。

场景二：

销售员：李总，你今天看起来真漂亮啊！

客户：哦，是吗？

销售员：是啊，你看你今天穿的这身旗袍，无论颜色和款式，都特别符合你的身材和气质，让我想起张曼玉在一部电影里主演的角色。

客户：你过奖了，谢谢。

对比两个场景，你会有什么启发？如果你是客户，你更愿意听哪种赞美？显而易见是第二种。因为第一种赞美言之无物，空洞生硬，根本无法触及客户内心的满足感，反而认为你是随口而出的客套话。第二种赞美有理有据，非常具体，抓住客户的个性，让客户感到真诚。所以，赞美客户一定要具体真诚，言之有物，符合客户的特点，这是第一个技巧。

第二个技巧，肯定和赞美客户表达的见解和观点，哪怕客户的观点和你的想法有冲突，也不要急于否认客户，否则很容易和客户发生争执，把事情闹僵。比如客户在向你的产品提出尖锐的意见时，你的内心肯定备受打击，但你一定要保持平和的情绪，对客户任何负面的意见不要急于辩驳，而是先肯定和赞美，比如你可以这样说："您对这个问题的看法很独到，让我受益匪浅。"

当你面对一个成功的客户时，一定要对他的努力和成就不吝赞美之词，表现出对他的认可和尊敬。这是赞美客户的第三个技巧。比如，对方是一个比你年轻，但比你成功的人，你可以这么说："杨总，我像你这么年轻时，还在为一家人的温饱发愁。现在的年轻人都应该学习你这种努力拼搏的精神和把握时机的能力。"通常情况下，一般人很难贬低自己抬高别人，但如果你压低自己同他比较，就显得格外真诚。但切记，赞美客户的成功时，一定要把握分寸拿捏得当，否则就会过犹不及，让客户认为你是溜须拍马。

每个人的个性特点各不相同，和客户打交道的过程中，如果你能准确把握客户的独特个性并给予肯定，尤其是在细节之处进行赞美，就能让客户感到被关注和理解。比如，当你面对一个心思缜密的客户时，你可以这样夸他："您真是一个细心的人，正是您对每个细节的处理非常到位，我们的合作才会如此成功。"如果对方是一个外向直爽的人，就这样夸他："和您这样热情豪爽的人合作非常愉快，因为有任何事情我们都可以及时沟通，不用遮遮掩掩。"

在赞美客户的时候要善于使用个性化的语言，不要从众和千篇一律。因为很多相同的赞美客户听多了就不以为意了。但如果对客户的同一个优点，你能用自己独具特色的语言说出来，不但会让客户感到惊喜，同时也体现你的个人魅力和智慧。

比如，你应邀去参加客户分公司的开业典礼，当所有来宾都夸耀客户能干，祝贺客户生意兴隆时，你可以这样说：

> **业务员**：张总，能够见证您新公司的开业，我非常荣幸。今天不仅是您个人事业的新篇章，还是我们行业发展的新起点，我从您身上看到我们行业发展的春天。
>
> **客户**：过奖了，感谢您的盛情光临，请里边就坐。

将客户新公司的开业与整个行业的美好前景联系在一起，这样有高度的赞美，任何苛刻的客户听了都会耳目一新，倍感舒坦。

同事买了一辆新车

要想同事关系处得好，漂亮话少不了。这里所说的漂亮话，就是当同事遇到喜事时，要第一时间为同事送上得体的赞美和真诚的祝福。

一个人就算运气再差，也总有受到老天眷顾的机会。从生物进化的角度看，炫耀是人类生存的一种本能。比如人类的进化过程，当人学会直立行走之后，为了让上身得到更多展示的机会，体格强健的原始人就会通过展示肌肉来震慑对手，从而赢得竞争，获得更好的生存机会。虽然现代社会这种本能不再直接和生存相关，但人类遗传基因中仍然将炫耀的天性延续了下来。

很多科学研究证实，今天的人们喜欢通过炫耀获得别人的认可和羡慕，这是一种普遍存在的社会心理。当你的同事遇到一件得意的事情时，比如他升职加薪了，孩子考上名牌大学了，就算他是一个低调的人，多多少少会表露在言行的细节之处。如果他本就期待你的赞美，你不失时机地送上几句赞美的话，就能迎合他的这种心理。如果他是一个低调的人，不喜欢炫耀，你却无意中主动送上赞美，对他来说就是一份更珍贵，更让他感到满足的意外之喜，他会对你充满感激。相反，如果对方已经暗示需要得到你的赞美，你却粗心忽略，或者故意置若罔闻，这样很可能让对方不悦，为同事关系带来消极影响。

小张就是这样一个行事低调的人，平时他和同事之间保持着"君子之交淡如水"的交情。他每天骑电瓶车上班。但最近一段时间，同事们发现公司楼底的电瓶车停车场很少看到小张的身影。一开始大家不在意。直到有天下班后，同事小何的男朋友开车接她，才无意中发现小张竟然买车了。为了保持低调，小张一直将车停在公司隔壁写字楼的停车场，从公司出发每天都要步行五六分钟才能到达那里。

小张买车的秘密被同事们发现后，一些同事对小张刻意隐瞒的行为感到难以理解，甚至有同事认为，小张是不想要同事搭顺风车，才故意将车停那么远。但这时很善于处理团队关系的主管站出来，下班前，他给小张打了一通电话：

主管：小张，你真是太见外了，这么高兴的事情为何不告诉大家啊？

小张：主管，我不明白您的意思。

主管：别藏着掖着了，我们都知道你喜提新车了。同事们都在商量周末一起聚聚为你庆祝，毕竟你是我们部门第一个买车的人，可你又不愿意说出来，所以大家都不知道怎么开口。

小张：哎，别提了，我是按揭买的车，每个月还两千多元车贷，没什么值得庆贺的。

主管：不管怎样，你都是我们部门业绩最好的人。我们大家都应该向你学习。

小张：这样吧，您给同事们说，这周六我请大家吃饭。

有些人因为性格原因，不愿意和同事分享成功。但他内心还是希望得到别人认可。主管就准确把握了小张这个心理，代表同事主动给小张送上祝贺和认可，有效化解了小张因为过分低调可能导致的同事关系危机。

面对刻意显摆的同事，我们赞美对方时反而不会有顾虑。只要顺着对方自得的心态顺水推舟，就能满足对方的虚荣心。很多时候，你的几句无关痛痒的赞美，对你来说并没什么损失，但如果你成全对方的面子，也许有朝一日对方就会对你的这番迎合投桃报李。

朋友带新恋人来见你

某个朋友突然带了一个新交的女朋友参加聚会。因为大家第一次见面，就会出现一些非常微妙、尴尬或意外的情况。这个时候，无论是对朋友桃花运的羡慕，还是对他新任女朋友的赞美，你都必须谨言慎行，不能过于随性地开玩笑，以免口无遮拦造成不必要的误会或伤害。

先看两个反面例子。小刘谈过几次恋爱都没有成功。这次终于找了一个称心如意的女朋友，于是兴冲冲地带她参加一个好哥们的生日派对。见面后相互寒暄，小刘向好哥们介绍女朋友的名字，这位好哥们为了活跃气氛，便按照以往习惯开起了玩笑，用故作惊讶和兴奋的语气说道："你小子行啊，女朋友越换越漂亮了！"试想，如果你是小刘的新女朋友，听到男朋友哥们这番"赞美"，内心作何感想呢？你一定怀疑，男朋友就是一个以貌取人，喜新厌旧，朝秦暮楚的人。他也许并不是真正爱你，而只是贪图你的美貌而已。

再看一个例子，小吴和刚认识的女朋友逛街时，突然和一个朋友相遇。小吴热情地向朋友介绍女朋友的身份，朋友突然拍了拍他的肩膀，冷不防地说了一句："行啊小刘，几天不见，你又换人了！"虽然明明知道对方开玩笑，但初次见面就开这种玩笑，无论是小吴还是他的女朋友，心里肯定会觉得像吞了一只苍蝇一样难受。

所以，当你的朋友第一次带恋人和你相见时，不管你和朋友关系多么亲密，平时相处多么随便，这个时候都要保持足够的尊重和谨慎。不管怎样，你和朋友的恋人都是初次见面，你对他恋人的情况和性格都不清楚，在一个非常正式庄重的时刻，言语间稍有轻佻或随意，都会是对朋友和其恋人的不尊重。当然，在交谈之中，你可以适当保持你说话的幽默风趣。比如下面这个场景：

朋友恋人：周哥，很开心见到你，我经常听小王说你是他最好的朋友，今后请你多多照顾。

周哥：你这话太客套了。小王是我的好兄弟，有你这么一个温柔漂亮的弟妹，也是我的荣幸。我兄弟这个人平时大大咧咧惯了，你这方面一定要好好调教他。

> 有你这么一个温柔漂亮的弟妹，也是我的荣幸。

> 我经常听小王说你是他最好的朋友，今后请你多多照顾。

体会上面这个场景的对话就会发现，周哥不仅对这位弟妹表现出应有的尊重，还不失时机地揭了好兄弟的短，但这种"揭短"更像是对这位弟妹的一种认可和期待。相信朋友也不会为此感到难为情。

有一种情况让人应付起来颇为棘手。当朋友的女朋友突然向你打听朋友过往的情史或前任的情况时，你该如何回答呢？实话实说，可能会破坏他们的感情，如果故意欺骗，朋友的女朋友知道真相，以后就很难相处。这时你需要把握一点：尊重现任。

朋友恋人：张哥，你说实话嘛，小王究竟谈过几个女朋友？

张哥：我兄弟眼光可高了，一般女人很难入他法眼。只有像弟妹这样既漂亮又知性的女孩，才是他最理想的另一半。

朋友恋人：张哥真会说话。我和他上一个女朋友相比，究竟哪个更好？

张哥：过去的人怎能和现在的你相比啊？要是过去的人好，他也不会拜倒在你石榴裙下了。

同学会如何赞美老同学

有人说，现在最尴尬的聚会非同学会莫属。多年老同学突然见面，总有一些突如其来的尴尬和意外。功利化的社会风气让纯真的校园情谊或多或少沾染上世俗的味道，比如炫耀和攀比就是同学会无法避免的情况。但不管怎样，如果你在同学会上保持应有的礼节，善于发掘老同学的优点并给予肯定，你在老同学面前赢得的认可和尊重也会更多。

忆往昔峥嵘岁月，自然而然会谈起难忘的校园时光。但岁月是把杀猪刀，三十年河西三十年河东，当大家谈起彼此最初的样子时，很可能校花已经今非昔比，丑小鸭反倒成为在座最有魅力的那个人；考上名牌大学的天选之子现在也可能是一个一地鸡毛的失意大叔，调皮捣蛋的学渣反倒事业成功、春风得意。面对这些意想不到的变化，如果让你来评价他们，你该如何开口呢？

不要因为过去和现在的变化，就带有任何偏见对待老同学，你可以追忆他们读书时的风采，也可以从他们现在的处境中挖掘闪光点。比如，面对你昔日暗恋或追求的、现在身材完全变形走样的校花，你就这样赞美她：

你：老同学，二十年不见，我还是经常想起你。

校花：得了吧，我现在又老又丑，你想我什么啊？

你：当然是想你过得更好。我听说你老公很会照顾人，要是你当年答应我的追求，以我这种粗心大意的性格，真不一定能够让你过得像现在这样幸福。

同样，如果你曾经崇拜得五体投地的学霸现在正处于低谷，事业还不如你成功时，你就要表达出真诚的关心、尊重、理解和鼓励，避免触及他

敏感的地方和可能让他感到被贬低的话语，照顾好他的情绪，不要让他觉得自卑：

> **你**：好久不见，最近过得怎样？
>
> **学霸**：我现在一事无成，哪能和你们比啊？
>
> **你**：每个人的人生都是独一无二的。最近我也遇到一些困难，但就像你当年读书时喜欢挑战一样，我也喜欢挑战，我相信你一定和从前一样不服输，让我们一起加油。

面对现在比较成功的同学，你赞美起来就容易得多。但也要记住，赞美一定要体面有度，哪怕是客套的赞美之词，也不能通过对自己的妄自菲薄抬高对方的面子或身价，让对方误解你是想从他身上得到什么好处。如果对方在你面前表现出极强的优越感，甚至言语对你有所歧视，你就不能由着他骄傲，一定要含蓄地还击，让他吃你一颗软钉子：

> **同学**：老同学，一别二十年，想不到你还在小县城当老师啊？
>
> **你**：我这个人就喜欢这种平凡、简单、幸福的生活。小县城的幸福指数很高，你看我现在和老婆孩子生活得多悠闲。不像你每天忙生意，照顾家人的时间都没有。对啦，我听说你去年离婚了，究竟是怎么一回事啊？

当然，这种针锋相对，容易伤和气的对话，同学之间还是要少用。毕竟同学情谊是当今社会最值得珍惜的社交关系之一。同学聚会上只要大家不以地位、身份和财富来区别对待彼此，我们完全可以保持真诚、积极和尊重的相处方式。只有保持这种积极健康的心态，才能更好地享受与同学相聚的时光，在同学交际中收获满满的正能量。

亲戚家的孩子考上了"985"

社会的攀比之风，已经从陌生人或普通朋友之间侵蚀到有着血缘关系的亲情之中。年轻人过年过节越来越怕回家，就是恐惧被七大姑八大姨逮着，盘问你的事业和爱情等隐私。如果你工作失意，没有存款，还是一个单身狗，就会让这些亲戚的内心得到极大的满足。如果亲戚家的情况比你好，比如某个亲戚的儿女买房买车了，某个亲戚的儿女成就一段好姻缘，某个亲戚的儿女升职了，他们就会在你面前大肆摆谱、吹嘘，想要从你羡慕嫉妒恨的神情中获得更大的满足。

这个暑假，让刚刚大学毕业找工作四处碰壁的小 K 十分郁闷。因为他舅舅家的小儿子，也就是他的小表弟考上一所"985"重点大学。于是舅舅一家大摆酒席庆贺，专门打电话吩咐小 K 一定要回来参加这次升学宴。小 K 内心十分失落，因为他念的是一所普通的二本大学，现在还面临找工作的压力。但舅舅的邀请他无法拒绝，他只好硬着头皮去了舅舅家，也做好了可能被亲戚拿他和小表弟做对比的心理准备。

尽管如此，小 K 在表弟升学宴的遭遇还是让他崩溃。很多看热闹不嫌事大的亲戚围着小 K 问东问西，当他们得知小 K 还在为工作发愁时，便纷纷将他作为一个反面典型和小表弟做对比："小 K 啊，要是你当初努力一点，像你表弟一样考上'985'，也不至于连工作也找不到啊！"

小 K 内心可以说非常愤怒了。刚好这时舅舅带着小表弟过来敬酒，舅舅故作关心询问小 K 近况，却难掩他眼神的得意之色。小 K 压抑的情绪瞬间爆发，他站起来将酒杯摔在地上，冷笑道："不要以为考上'985'就能飞黄腾达了！现在名牌大学找不到工作的人到处都是！"毫无疑问，小 K 的情绪失控让他和舅舅一家的关系产生了隔阂。

面对这种情况，小 K 其实可以表现得理智一些。首先，亲戚嚼舌根虽然令人烦躁苦闷，但那毕竟是别人的看法，如果我们总是活在别人的眼神中，就很容易失去自我。其次，小 K 因为大学毕业迟迟没有找到工作，很可能造成他的不自信。在这种内忧外患的情况下，要想调整情绪，理智地对待亲戚的显摆，看起来的确不容易。

但如果我是小 K，我会这样和他的舅舅寒暄：

舅舅：小K，最近怎样啊？你还没找到工作吗？

小K：是的舅舅，现在就业压力大，想要找到一份称心如意的工作不容易。不过我相信自己的能力和运气，现在有好几家意向公司在谈了。

舅舅：这样啊，你看你小表弟考上"985"，将来不会像你一样出现就业难的问题吧？

小K：怎么会呢？小表弟天资聪慧，又考上这么好的大学。只要他在大学好好深造，还愁找不到工作吗？

　　这样的回应好处就是，在介绍自己处境时，既没有刻意掩饰暂时面临的困难，也没有妄自菲薄。在赞美小表弟考上"985"是一件值得肯定的事情时，又委婉提出了自己的看法，就算你念"985"，如果在大学不好好读书，将来一样可能找不到工作，可谓不卑不亢，就算再嘴毒的亲戚也无法反驳。

　　回击别人的质疑，最好的武器就是自信。就此而言，即便亲戚家的孩子比你念更好的大学，比你拥有更优越的工作，这些都是暂时的。相信自己的能力，走自己认为对的路，剩下的就留给那些闲人评头论足吧。

第四章

▶ 当你被冤枉时如何申诉

本章精华　不被误解的人生是无趣的

法学专家罗翔说过："误解是人生的常态，理解才是稀缺的例子。"人际交往中，每个人都希望得到别人的理解，但现实却是，在理解成为一种稀缺资源的情况下，误解才是我们不得不经常面对的人生常态。正如画家凡·高所言："每个人心中都燃烧着一团烈火，但路人看到的只有炊烟。"

在职场和生活中，误解无处不在。既然我们没法逃避误解，那就只能积极面对。有些误解我们可以解释，也可以忽略，还可以原谅。但有一种误解我们不能坐视不管，那就是被冤枉。

冤枉和误解有本质的区别，误解是因为理解的偏差产生的误会，有可能是无心之举，源于人对客观事物的错误认识，或是人的处境、性格、气质的差异，造成一种暂时假象，从而产生误会。但冤枉通常指无辜的人被诬指为有罪，无过错的人受到指责。没有事实根据，给人加上恶名贴上标签，所以如果蓄意冤枉一个人，这种行为是不能被原谅的。所谓有冤必伸，在生活中如果遭受冤屈，不管冤枉你的人是谁，都要勇敢地证明自己的清白。

接下来，我们就从不同的场景和角度，来看被误解和被冤枉时该如何挽回清白。

领导误解应该怎样解释

职场中，被上司误解是经常发生的事情。比如你抱着一番好意，兢兢业业完成了一件工作，谁知好心被当成驴肝肺，遭受顶头上司的误解。面对上司的怀疑和责难，你一时间处于迷茫状态，变得手足无措。

不要小看来自上司的误解，它会直接影响你和上司的关系，还会让你的工作情绪和效率受到负面的影响，如果不及时消除这方面的误解，事态就会变得十分严重。那么，当上司对你的误解不可避免地出现时，你该如何处理呢？

首先，我们不能在公开场合，当着其他同事的面与上司争辩，以求自证清白。因为这样一来，容易让上司没有面子。即便他认识到自己的错误，也不会给你台阶下，只会坚持自己的观点。你需要做的就是给上司打一剂预防针，可以委婉地告诉他，此事另有隐情，你会另找时间对他解释，如此，不仅保全你和领导的面子，还可以消减领导的不满：

经理：小王，要不是你盲目插手，公司完全可以避免损失，你还有什么好解释的？

小王：经理，我理解您的不满，公司蒙受损失作为员工我也很难过。请领导放心，等您不忙的时候，我会亲自向您说清这件事的来龙去脉。

请领导放心，等您不忙的时候，我会亲自向您说清这件事的来龙去脉。

要不是你盲目插手，公司完全可以避免损失。

暂时化解他的怒气之后，马上就应该通过微信或电话的方式，向上司预约单独汇报的时间。如果可能，这种场合尽量远离办公室，选择一个私下场合，比如邀请上司到咖啡厅喝下午茶，因为在这种非工作场合的氛围，更有利于你澄清事情的原委。

向上司解释时，你的态度一定要诚恳，不要表现得像受了天大委屈的小孩子。先道歉，大方承认你的行为给上司造成的困扰，以便进一步求得理解。如此，上司纵然对你有再多误解，也会心平气和听你澄清。原原本本地将整个事情讲清楚，不要掺杂任何情绪：

> 小王：经理，非常抱歉让您牺牲休息时间来见我，首先我还是要为这件事向您道歉，无论如何我都影响您的工作和心情了。
>
> 经理：我今天既然来了，就是想把事情了解清楚。
>
> 小王：谢谢经理的理解。当初我的出发点的确是为了公司业绩着想，只是没想到我的好心反而帮了倒忙（接下来陈述事实）。
>
> 经理：看来是我误会你了，继续努力。

俗话说得好："人遇误解休怨恨，物过严冬即回春"，很多时候我们被上司误解，因此觉得委屈，为了争一口气而不愿和上司沟通交流，导致误会越积越深，最终让误会变为成见和矛盾。面对上司的误解，需要换位思考，上司也是人，他也有判断失误和对你不了解的时候。出现问题就要解决问题，才是对自己，也是对上司负责的一种态度。

当然，如果上司不接受你面谈来化解误会，可以给他发一封电子邮件，用长文的方式将事情经过解释清楚。只要你的文字态度诚恳，陈述的是事实，上司读了　定有所触动，会主动去了解事情的真相。

及时分清误会还是陷害

误会容易澄清，但如果你遭受诬陷，洗清冤屈的难度就要大得多。这件事难就难在：我们无法分辨自己是被误解还是被陷害，因为这两种情况造成的后果和解决方式完全不同。

比如，一个与你非常要好的同事突然对你变得冷淡，甚至充满了仇恨。你就要搞清楚，是不是你有什么地方做得不妥让对方误解你，还是背后有人蓄意挑拨离间你们的关系。再比如，你本来拥有一次板上钉钉的升职机会，但老板公布升职名单时你的名字却被另一个人替代，你肯定想知道，是你什么时候无意中得罪老板了，还是竞争对手在老板面前下你的"烂药"，硬生生抢走你升职的机会。

误会还是诬陷，看似雾里看花水中望月，但只要你心中有一杆秤，还是很容易分辨清楚。因为误解和诬陷有着本质不同，一般来说，误解通常是因为对事实或信息的错误理解所致，诬陷则是因为恶意或不良的动机产生。一个基本的判断依据就是：你被误解的事情通常是你做过或亲身经历过的，而你被诬陷的事情完全是莫须有的事，是对方凭空捏造的。了解到这个本质，当你在蒙受不白之冤时，只要你保持应有的冷静，擦亮你的眼睛，就会很快知道自己的处境是什么。

小段是公司的销售精英，长期占据销冠的宝座。突然有一天，小段被老板单独叫到办公室。老板一脸冰冷地望着他，质问他为何收受客户回扣。小段很快意识到，自己被人诬陷了，因为他和客户的往来一直清清白白，他没有拿过客户一分钱：

你到底从客户那里拿了多少好处？

不知道您是从哪里听到的谣言，请他拿出证据。

老板：说吧，你到底从客户那里拿了多少好处？

小段：老板，我不明白您的意思，您是说我收客户的回扣吗？

老板：要想人不知，除非己莫为。

小段：我不知道您是从哪里听到的这个谣言。如果是同事举报的我，您可以让他和我当面对质；如果是客户这样投诉我，请您让他拿出证据。

　　既然是没有做过的事情，小段可以理直气壮地表明自己的态度。还有一种情形，容易造成他拿客户回扣的误解。这天小段为了感谢客户，专门请客户吃了一顿火锅，碰巧被另一个同事看见了，于是同事就将这件事告诉老板：

老板：说吧，你和某某客户私下究竟有什么交易？

小段：老板，我不明白您的意思。

老板：哼，你平时根本不会请客户吃饭，为什么昨晚请他吃火锅呢？

小段：原来您说的是这件事啊？不错，我是请他吃饭了，他对我们的产品有一些不明白的地方，所以我希望找个非正式场合好好聊聊。

　　有些精心布局的诬陷短时间里无法露出破绽，如果你没有足够的证据，绝对不能轻易喊冤叫屈，一定要忍辱负重地寻找蛛丝马迹。既然误解你的人已经被谎言蒙蔽，此刻你的任何解释都是苍白的，只能把事情越描越黑。等到你找到被陷害的充足证据时，就是你绝地反击沉冤昭雪的时机。

眼泪无法洗清冤屈

　　在你没有掌握蒙冤的证据时，眼泪无法证明你的清白，只能暴露你的玻璃心，让陷害你的人得寸进尺。

　　一句曾经上过热搜的职场感悟："你在职场挣的工资，有部分本来就是支付给你的委屈费。"这句话看似偏颇，却道出今天职场的生态环境。职场遭遇的冤屈和生活中遭遇的冤屈区别很大。生活中被冤枉或遭受委屈，很可能是因为信息不对称产生了误会。比如夫妻之间、朋友之间的矛盾，其实都比较简单，因为无论是受委屈的一方，还是误解的一方，至少地位都是平等的。

但职场蒙冤，因为掺杂了利益，情况就要复杂一些，大多数冤屈都是有人刻意为之。委屈了你，我却从中获利，何乐而不为呢？选择躺平的心态，少干活就少担责，让勤奋踏实的同事费力不讨好地承担责任；我是你的上级，工作犯错让你背锅亦是理所当然，比如明明是客户出错了，上级为了讨好客户就将错误算到你的头上；还有职场中的欺生和欺软，这些都是职场蒙冤受屈司空见惯的情况。

由于职场蒙冤存在地位不平等，有些人遭受冤屈，要么选择忍气吞声，要么选择"一哭二闹三上吊"的消极反抗，想通过眼泪换取同情表达无辜。一旦隐忍和眼泪都无法逆转局面，干脆辞职不干。如果你的反击手段总是这么消极，哪怕换了一个新环境，同样摆脱不掉被欺压的命运。来看下面这个场景：

老板：小李，先不要哭好吗？有什么委屈好好说。

小李：呜呜呜，老板，这件事明摆着就是王经理他们几个合伙让我背锅。

老板：我要看证据，没证据我怎么处理？

小李：呜呜呜，瞎子都看得出来，还需要证据吗？您不给我主持公道，我也待不下去了。

老板：好吧，你现在就去人事那边办理手续。

即便老板想为你主持公道，你也得拿出有力的证据，而不是一味哭泣，甚至拿辞职威胁老板。再来看下面的场景：

老板：小李，先把你的眼泪擦掉好吗？有什么委屈我们好好说。

小李：老板，您知道我不是一个喜欢流泪的人，只是这次王经理他们做得实在太过分了。

老板：你有什么证据？

小李：您放心，事情的真相，我会证明给您看。

相比于上一个场景中的小李，这个小李无疑就要聪明得多。蒙受冤屈，不是不可以在老板面前流泪，适当的哭泣可博得老板的同情心，让老板直观上觉得你确实被冤枉。但哭过之后，必须迅速收起你的眼泪，表明你的态度，让老板见识你的坚强，更坚信你可能是被冤枉的。

雨果说："眼泪是内心最柔软的部分，它使我们变得更真实和脆弱。"请记住，无论在职场还是生活中，眼泪不能洗清冤屈，反而更容易淹没真相。

争吵不能让真相水落石出

好吧，既然眼泪不是反击冤屈的利器，是不是意味着我们可以选择另一种争吵的方式来解决？当然不能！因为争吵虽然可以彰显你的强势，让人知道你不是随便被人欺负的软柿子，却很可能让你的冤屈越描越黑。

首先要分辨清楚争吵和争辩的区别。争辩是据理相争，依靠充足的证据和理由反驳对方，但争吵往往是在证据不足的情况下发生，是一种鱼死网破、破罐子破摔的做法。让我们来感受下面两种场景。

场景一：

经理：小张，你不要强词夺理了，这件事就是你做得不对！

小张：你凭什么这样说我？就因为官大一级压死人吗？

经理：你说你没错，请拿出证据！

小张：哼，在权力面前，再多的证据也不起作用。

场景二：

经理：小张，你不要强词夺理了，这件事就是你做得不对！

小张：我没强词夺理，我只是在陈述事实。

经理：既然是事实，就请你出示证据！

小张：相关证据我会写一个情况说明给你。

通过这两个场景不难看出争吵和争辩的区别与作用。既然要用事实说话，比的不是谁嗓门大谁就占理，更不是谁拳头硬谁就能一手遮天。保持冷静的心态，可以让你在搜集证据和据理相争时思路明确，逻辑清晰。这就好比法庭上律师辩论，充足的证据和严密的逻辑才是律师打赢官司的根本。争吵的坏处在于：首先它容易让自己心态失衡自乱阵脚，扰乱你自证清白的步骤和方法；其次，争吵容易导致矛盾升级，让双方都失去调解的空间；第三，激烈的争吵会让你有理也变得无理，让真相更加扑朔迷离。

正确的做法就是，领导或同事让你对质时，你首先应该语气坚定地表明立场：这件事我没有错，我是被冤枉的。如果你掌握了证据，请理直气壮地出示这些证据。如果这时你还没有任何让自己洗清冤屈的依据，就请沉住气，让他们给你一定的时间证明清白。冤屈洗清之前，你需要一如既往地做好本职工作，甚至比以前表现得更努力，更优秀，而不是带有情绪消极怠工。如此，同事和领导就会对你更加同情和信任。

"匹夫结愤，六月飞霜"，我们一定要相信，不管真相被掩盖得多深，总会有水落石出的一天。我们遇到的每次委屈和冤枉，都是自我成长时的一次锤炼。只要以积极的心态面对它们，从每次挫折中汲取教训，思考以后怎么避免类似的打击再次发生，不断提升沟通能力和自我保护能力，最终一定能炼成一副"金刚不坏之身"，让任何冤屈都无法伤害你。

敢于反对无端的指责

相比于充满恶意的冤枉，我们遭受别人指责时，似乎更容易化解矛盾。一般来说，如果一个人在公开或私下场合指责你，说明你的一些行为或话语可能触及对方的底线或利益。你需要审视自己的言行是否妥当，是否对别人造成负面影响。如果是你无意中伤害对方，就要敢于承认错误，从别人的指责中吸取教训，而不是立即反击对方。

但如果你遭受的指责是由于对方的负面情绪或不良企图引起的，比如你为了维护公司利益阻止对方的某种行为，导致对方的怨恨；又如对方心情不佳，突然就把你当成出气筒。面对这种无端的指责，你一定不能忍气吞声，应该根据不同情况给予反击，坚决捍卫自己的利益，纠正对方的错误行为.

同事：上次开会时，你为什么要在经理面前打我的小报告？

小李：你理解错了吧？正因为你犯错，我才在开会时公开指出，如果我要打小报告，就不会当着大家的面说这件事了。

显然，同事指责小李打小报告是不成立的，因为小李没有背后向经理告状，而是在开会时提出来，小李基于事实对同事的反击让同事无言可辩。再看下面这个例子：

> **经理**：小李，离我远点，我看到你就烦！
>
> **小李**：怎么啦经理，是我今天穿得不够漂亮吗？

经理可能是因为某种事情导致个人情绪欠佳，于是就把火气莫名地烧在小李身上。但小李展现了自己高情商回应领导无端指责的行为。领导毕竟是领导，当他只是因为情绪而不是基于其他利益因素突然对你发火，你的回应完全可以睿智一点，幽默一点，这样既能帮助领导缓解心情，也能显示你的人格魅力。

当你为了维护自己或公司利益对别人造成阻碍，招来对方嫉恨和指责时，你一定要义正词严寸土必争地进行回应：

> **同事**：小李，你这样做太不厚道，我已经和张总谈好合作条件，你为什么要来插一脚呢？
>
> **小李**：你必须清楚，首先，张总一开始就是我的客户，你不应该背着我私下和他接触撬我的单。其次，你和张总达成的协议损坏了公司利益，我当然有权利阻止。

我们都知道《狼和小羊》这个寓言故事。狼在上游喝水，小羊在下游喝水，狼为了给自己吃掉小羊找借口，便指责小羊把自己喝的水弄脏了，这就是最典型的无端指责。如果我们面对这种指责时选择沉默或退让，等同于让自己蒙受无妄之灾，最终就会像小羊那样被狼心安理得地吃掉。

让自证变他证

当我们被人误解或遭受不白之冤时，必须想办法证明自己的清白。这个时候，我们很容易掉进对手设下的"自证陷阱"。

所谓"自证陷阱"，就是指对手将他视为一个审判者，给你贴上一个让你无法接受的标签，不接受你的任何辩解与反驳，而且会不停诱导你自证清白，从而让你陷入自我辩解的循环无法自拔。比如多年前那部电影《让子弹飞》中有一个令人难忘的场景：小六子被人污蔑吃了两碗粉，他为了证明自己只吃了一碗粉，竟然剖开了自己的肚子。

电影情节未免夸张。但在职场和生活中这种自证陷阱随时可能存在。原因就是，蓄意陷害你的人早已对你的每次自我辩解做好应对之策，不管你如何自证，他们都会鸡蛋里挑骨头，从你的辩解中找出新问题，让你不得不一直寻找新的证据反驳对方，最终心力交瘁无力自证：

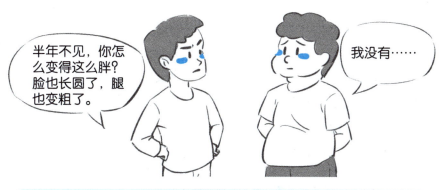

小张：半年不见，你怎么变得这么胖？

小李：我只有130斤，哪里胖了？

小张：你看你的脸都长圆了，笑起来酒窝都看不见了。

小李：我酒窝变浅了只是最近没有休息好，脸有些浮肿。

小张：你别狡辩了，你看你的腿也变粗了。

小李：我腿粗吗？我感觉没有变化啊。

......

在这个场景中，小李陷入了小张给他设下的证明自己不胖的"自证陷阱"，如果这样的问题继续下去，小李可能需要回答一百个问题来证明自己没长胖。所以，面对需要自证的情况时，我们必须做好以下几件事：

第一，先要辨别对方的观点是否为事实。要知道，很多恶意的看法都是歪曲事实的，带着强烈的主观情绪，不符合你的情况。当你意识到对方对你的陈述或评价不是事实时，你可以斩钉截铁地否定，这一步非常关键。

第二，就算对方说的符合事实，但在你看来这并没有什么错，就不要顺着对方的话进行自证，而是可以使用反证法，举出相反的观点或事实去否定对方，让你摆脱自证陷阱。比如对方说你胖，你可以回答："我不觉得胖有什么错，健康的胖也是一种美。"比如对方说你胖，是因为你的腿变粗了，你可以找一个腿粗的明星来反驳他："你看某某明星的腿比我还粗，只要穿搭得体，一样很显身材。"

第三，如果对方先入为主地站在某个道德高度对你进行评价，他陈述的又是你无法辩驳的事实，最直接的反击方式就是否定他的身份："你有什么资格来评价我？"大家还能想到《三国演义》中诸葛亮和王司徒那段精彩绝伦的骂战吧！诸葛亮就是采用否定对方身份的方式，将王司徒泼给他的脏水全都还给了对方。

来看下面这段对话：

同事：你根本没有资格当选优秀员工。

小李：是吗？你为什么会有这种想法呢？

同事：公司业绩比你好的人多了去，你如果不是靠××的关系，能评上吗？

小李：呵呵，不好意思，就算你认为你的看法是对的，可惜你不是优秀员工的评委，没有资格质疑我。

同事的质疑也许没错，在业绩同等优秀的情况下，小李因为和某某领导关系好，在评选优秀员工时得了便宜，但小李的反击同样无懈可击，不在其位不谋其政，你既然不是评委，就没必要对优秀员工的评选结果说三道四。

以上都是将自证转换为他证的一些方法。莫泊桑有一篇名为《绳子》的短篇小说，一个农民随手从地上捡了一根绳子，却被人污蔑说他捡了一个钱包。后来无论他怎么证明，哪怕证据确凿，最终也没法让人相信。在法律上，自己是无法给自己提供不在场证明的，自证也是如此，有时只需要我们更睿智，善于转换观点，就能摆脱自证陷阱。

公共场所的误会这样澄清

网络上经常会看到一些公共场合的"乌龙热点新闻"：一位农民工被误会偷拍，虽然经过检查手机证明了自己清白，最后还是遭到网暴，被诬陷成一个猥亵男。一个年轻小伙乘坐地铁的时候，因为皮鞋金属片反光，被一些乘客误认为藏摄像头偷拍女性裙底，乘客报警后经警察搜身才证明清白，但还是对他的形象和名声造成了负面影响。

公共场所的确存在偷拍、咸猪手等违法行为，激发起了人们尤其是女性的自我保护意识。但同时也因为人们过度敏感而容易产生误会，加上现实和网络中存在很多在事实不明的情况下，造谣歪曲事实的吃瓜群众，一旦有人陷入这种误会，就很容易遭到网暴。假如你不幸卷入类似的是非，千万不要惊慌失措，也不要恼羞成怒地争辩，所谓清者自清，一切以事实说话。

首先，你需要面对现实，不要想着逃避，即便当事人和围观群众对你的指责和谩骂让你委屈，你一定要迅速镇定下来，坚定地否认自己没有做这些恶心的事情。来看下面这个发生在地铁高峰期的一幕场景：

某女：臭流氓，为什么要偷拍我？

某男：你误会了，我没有偷拍你！

某女：你还要狡辩，你刚才手机摄像头一直对着我！

某男：你真的误会了，我只是在给我外地工作的老婆拍小视频，告诉她我上班挤地铁很辛苦，不信我可以给你看。

只要该男子将拍摄的小视频出示给女子看，误会很快就会解除。所以，当你在地铁、公交车或其他公共场合被误解时，及时果断地否认，可以向对方和看热闹的吃瓜群众表达你的态度，如果恰好有吃瓜群众拍视频取证，也会成为你最好的证据。

因为地铁上人实在太多，你不小心碰了一下身旁的美女，美女情绪激动地控诉你是流氓，这种冤屈最难辩解。面对美女愤怒的面孔和吃瓜群众不嫌事大的斥责和拍摄，处于舆论漩涡的你一定要保持冷静，不能用过激的情绪刺激对方。过激的申辩可能会导致美女哭成泪人儿或动手打你，那样你的处境就会更被动。最好的办法就是抢在美女之前主动报警，让警察还你的清白。因为在地铁、公交这些公共场所都会有摄像头，只要警察调取监控，很容易还你的清白。比如下面这个场景：

某女：臭流氓，为什么要往我身上蹭？

某男：美女误会了，实在太挤了，我是被刚上车的人推了一下才不小心碰到你。

吃瓜群众：别找借口了，我们都看着呢！你就是故意耍流氓！

某男：既然如此，让警方来处理吧！喂，110吗？我要报警！

如果这个人真是咸猪手惯犯，做贼心虚的时候怎么敢主动报警呢？恐怕他想的是如何在下一站停车的时候第一时间逃之夭夭吧？真金不怕火炼，只要你是清白的，就不必因为这些误会而引起惊慌，让你反而无法消除误会。

当心恋人误会矛盾升级

在二人世界，很多感情问题都是由最初的小误会点燃的。两个人哪怕感情再好，彼此心心相印，也总有相互误解的时候。比如某个异性突然给你发了一条看似暧昧实则开玩笑的微信，另一半看了难免心情不舒畅；又比如你们在交谈时你的一句话让另一半误解，你又觉得对方在无理取闹，根本不想解释。这些误解如果不及时消除，累积多了，就会像皮肤病一样让感情过敏。

研究表明，两性关系的误解百分之八十以上都是沟通时发生的，我觉得你是这个意思，但你却认为我说的是另一种意思。在心理学上，这种误解被称为"透明度错觉"。为什么会产生这种错觉呢？原因就是人类的信息沟通只有百分之十是由语言传递，另外百分之九十需要肢体动作、眼神和面部表情来传递。这种情况下，信息输出方认为自己已经表达清楚了，接受信息的人也认为理解对方的意图，但事实上双方可能没有在一个频道。

一对恋人逛商场，女生因为穿高跟鞋脚底磨破皮了，但为了买买买，她竭力掩饰痛苦和不满，于是这对情侣就有了下面一段对话：

男生：亲爱的，你是不是累了，脚疼吗？

女生：我没事，继续逛吧！

男生：那我就放心了。

逛完街回到家，女生气鼓鼓地坐在沙发上，对男生不理不睬。男生哄了一阵没有起到效果，急了，于是发生了下面这段争吵：

男生： 你闹哪一出啊？街也逛了，衣服也买了，还要给我甩脸色！

女生： 你根本就不爱我，不心疼我！

男生： 请你把话说清楚，我怎么不爱你了？

女生： 人家穿着高跟鞋，脚后跟都磨出血了，你却不闻不问！

男生： 我问你，你不是说没事吗？

女生： 你没长眼睛吗？难道你看不出我多难受吗？

瞧瞧，生活中我们是不是经常遇到这种莫名其妙，令人哭笑不得的矛盾啊？一个人外地出差，突然很想女朋友，晚上给她发了一条肉麻的微信，但女朋友半天没有回他。这时他就会胡思乱想，女朋友是不是和其他人在酒吧，不方便回信息。事实却是，女朋友手机没有电了，或者因为工作太累睡着了。第二天他打电话质问女朋友，女朋友非常生气，责怪他既然这点信任感也没有，干脆分手吧！

误会好比一条生产矛盾的流水线，如果不能及时澄清，就会动摇感情基础。爱情的世界里，信任是最稳固的防线。一定不能让误会过夜，留着明天解决。别玩猜疑游戏，相互之间要多沟通，有啥说啥，千万别憋着。不但要信任另一半，还要对自己充满自信，相信对方是爱自己的。只有保持信任和沟通，才能让爱情开花结果。

第五章
▶ 不要总是被别人占便宜

本章精华 你不能活得像一支牙膏

有句大家熟悉的俚语："吃得亏，打得堆。"吃亏是福，牺牲一点自己的利益，可以换来更多的朋友。乍一听，这些观点都很正能量。但如果一个人总是吃亏，总是被身边人占便宜，他就真能如愿以偿地"以心换心"吗？我看未必！要知道，你对别人的每一份付出，每一种好，都应该得到相应的回报。你没有主动索求回报，别人却对你的好习以为常，非但不懂得投桃报李，反而会在某次你没有满足他要求时就对你心存芥蒂。

西汉开国元勋韩信小时候家境贫寒吃不起饭，当地的亭长可怜他，经常留他在家里吃饭。时间久了，亭长的老婆就把他赶了出去，韩信因此记恨了这对夫妻一生。反倒是一个老太婆在韩信快饿晕时，给了他一碗粥，韩信却将这碗粥视为大恩大德。

所以，不能总是让别人占你的便宜，就像挤牙膏一点点地挤掉你的好。除了你的家人，你对任何人的好，都必须有底线并且要有所回报。

领导总是让你买烟

领导突然让你给他买一包烟，或者给他取一件到付的快递，等你掏钱完成差事将东西交给他时，领导却直接忽视了一句话："多少钱，我微信转你！"过几天你还惦记这件事，但领导就像彻底遗忘了。于是你心想，不过一包烟钱，领导不给就不给吧，权当是我打点关系了。结果同样的事情发生了第二次，第三次，第 N 次。

难道你还没看出来吗？领导这是拿你当牙膏挤呢！可能第一次他真的忘记给你微信转款，但既然你没有主动找他要，于是他觉得，这小子是不是想要通过这种小恩小惠讨好我啊？既然你有这份"孝敬"的心，他就理所当然地照单全收了。

所以，遇到这样的情况，你不但要学会拒绝，还要想办法提醒领导，把之前你垫付的钱还你。当然，毕竟对方是领导，你总不能直接开口："领导，我已经给你买三次烟了，请你把钱转给我吧！"这样不是让领导尴尬得下不了台吗？我们需要采取迂回的方式。

一周前小李给自己的垂直领导买了一盒价值不菲的茶叶，几乎花掉他三分之一的月薪，眼看着房贷还款日期就要来了，小李必须找领导要回这笔钱。于是这天上班，他专门带了一个茶具刷走进领导的办公室，一边清理茶具一边和领导闲聊：

小李：领导，我上次给您买的那盒茶叶合您口味吗？如果您觉得不好喝，下次我给您换一种。

领导：哎呀，你看我这记性，忘记把茶叶钱转给你了。不好意思，我这就微信转给你。

毫无疑问，小李这种找领导还钱的方式非常机智得体。还有一种方式，那就是换位表达法。你可以直接站在领导的角度和立场，给他出一个合理的主意，并将你为他垫付钱的方式一起纳入方案：

小李：领导，您最近挺忙啊，一定要注意身体，您都吃了好几天我给您带的外卖了。

领导：就是，工作太繁琐，抽不出时间下楼吃饭啊。

小李：我有一个建议，您每天想吃什么可以提前告诉我，我顺便给您捎上来，然后每周我找您报销一次费用。

领导可能并非故意不给小李外卖的钱，确实因为忙忘记了。但小李巧妙地借用给领导解决吃午饭难题的机会，顺理成章地提出让领导报销饭钱，显得合情合理。

偶尔给领导买一包烟，请领导吃一顿外卖，这是你和领导的交情。但如果次数多了，就不再是交情，而是一种自上而下的算计。你完全可以用一种温和委婉的方式，向领导说不，捍卫自己的钱包。

同事一直蹭你顺风车

小张和小李同在一个小区租房，过去几年，两人上班下班都是结伴同行，一起坐公交挤地铁，由此建立了良好的关系。后来小张在家人资助下买了一辆代步车，从此摆脱了挤地铁的痛苦。小李见小张买车了，每天理所当然地蹭小张的顺风车上班。起初小张并不计较，毕竟是关系好的同事，又同住一个地方，顺便捎带他上班也不会多出几块油钱。但时间一长，小张心里就有疙瘩："你天天坐我的车，我都快成了你的专职司机了，而且还是自己带车的那种专职司机，好歹你应该表示表示啊！"

但碍于情面，小张不好直接提出让小李分担油费的要求，于是这天他心生一计，下班后将车开到加油站。加完油时，小张和小李有了下面一段对话：

> 小张：兄弟，你看后面还有车排队加油，这样吧，我把车移到出口等你，麻烦你到柜台付一下油钱，别忘了开票。

> 小李：开什么票啊，难道你还要给我报销？

通过这个小"伎俩"，小张委婉地让小李意识到，蹭这么久的顺风车，他是应该承担一些油费了。第二天，小李主动提出，今后上班期间产生的油费他愿意承担一半。小李未必真的是喜欢贪小便宜的人。可能是因为他和小张关系太铁了，以为小张根本不在乎这点油钱，所以才没有意识到于情于理都应该主动承担一些油费。在经过小张一番点拨后，他也爽快地答应共同承担油费，消解了两个好朋友之间的隔阂。

职场中不乏有一些总是挖空心思算计同事，经常从同事身上揩油占小便宜的人。比如有人隔三岔五地请同事带早餐，每次都是一根油条一杯豆浆，看起来不过是三五元的小钱，同事也不好意思开口向他要。但次数多了，这些小钱就累积成一笔不菲的费用。这就是赤裸裸的钻营了。遇到这种情况，你该如何拒绝呢？

小李：王哥，你还在楼下吗？麻烦你给我买两个牛肉包吧。

小王：不好意思啊小李，我都进电梯了。

你还可以换一种方式，比如告诉对方，今天早上起来迟了，忙天忙地，就把给对方带早饭的事情忘记了。如果还想更加直接一点，你可以说："哎呀，不好意思，我的微信支付功能限额了！"这也是在提醒对方，我给你带这么多次早饭，你应该给我钱了。当你拒绝他一次两次后，他自然意识到，你身上的油不好揩了。

面对这种精于计算，总是占别人便宜的同事，你表现得越小气，才越是对自己利益最好的维护。

客户暗示你给回扣

你的客户向你暗示，要给他回扣或其他好处，你应该答应还是拒绝呢？如果答应他的要求，就会损害公司利益，甚至涉嫌商业贿赂。如果拒绝客户，你好不容易争取的这单生意很可能就泡汤了。

对于客户这些不合理的要求，无论从哪个因素考虑，我们只能拒绝。我们需要探讨的是如何拒绝客户，既能让客户知难而退，还能让你和客户的合作继续下去。来看下面这段对话：

客户：小王，这个订单是我费好大力气才给你争取到的，你不给哥哥表示表示吗？

小王：必须的啊，等我们签订合同，我请哥哥吃海鲜！

客户想要的"表示"，其实就是回扣。小王岂会不知对方的意图？但既然你不直说，我也就顺水推舟地装糊涂，在这种情况下，客户也不好意思再说什么了。当然，客户也许误解小王的意思，以为小王是准备请他吃饭的时候悄悄给他塞一个大红包。到了那时，小王即便没有"表示表示"，此时合同已经签订，木已成舟，客户只能自认倒霉了。

对于客户这种"暗示性"提醒，我们只管装糊涂，千万不可自作聪明地追问一句："你想我如何表示？"但是，如果客户对你明码实价提出好处时，你又该如何拒绝呢？

客户：小王，我把这个订单给你，是哥哥觉得你为人大度。无论如何你都要给我百分之三的返点吧？

小王：感谢哥哥支持，但是哥哥这个要求我不敢答应，因为这样做会损害我们的合作关系。你看这样行吗？我给你推荐几个供应商，这样你的业绩也能翻倍。

不管怎样，有些原则和底线我们必须坚持，特别是像这种客户明确要回扣的要求，哪怕不做这单生意，也不能损害公司利益，以身试法。当然，为了安抚客户情绪，维持良好的合作关系，你可以通过正当合法的途径，在其他方面给予客户利益补偿。比如，利用你的人脉资源给他介绍客户。

如果遇到客户恶意敲诈，甚至因为你不给他好处就蓄意破坏正在合作的项目，你应该通过电话录音、微信截图的方式保留证据。一旦客户作祟让你和公司利益受损，这些就可以作为起诉对方的"呈堂证供"。

聚餐 AA 制，如何开口要回你垫付的饭钱

和同事朋友聚餐，说好 AA 制，但当你主动结算饭钱之后，参与 AA 的人却装傻，没有给你 AA 的费用。你碍于情分和面子，只能吞下这个哑巴亏。

既然约定好的 AA 制，这个亏咱就不能吃。不管钱多钱少，你得理直气壮地让对方给你这笔费用。当然，为了减少向对方要钱时的尴尬，可以在话术和方式上适当采取一些策略。来看下面这段对话：

> **小张**：李哥，我们几个好久没有聚了，要不要周末约一下？
>
> **李哥**：可以啊，要不你来约吧？
>
> **小张**：行，交给我吧。对啦，上次 AA 的费用你好像忘记转我了，要不这次的费用你帮我给了？
>
> **李哥**：我怎么把这事忘记了？我马上微信转给你！

　　既然直接要 AA 的费用会感到尴尬，那么你可以制造一个相关机会和话题，自然地提醒对方，上次聚会的费用你还没有给我呢！首先，选择一个合适的地点和场合，尽量在只有你和对方的私人场合，这样既能随意交流，也能给对方保留几分面子。第二，和对方交流的方式一定要友好，不能开口就单刀直入地让对方给钱，可以先聊一些轻松的话题，比如兴趣、爱好和最近的计划，然后再找合适的机会委婉地插入你要求对方付钱的话。

> **小张**：李哥，国庆节有什么出游计划吗？
>
> **李哥**：准备和几个亲戚自驾游丽江。
>
> **小张**：丽江真值得一去，对啦，你们这次也是 AA 吗？
>
> **李哥**：肯定 AA 啊！哎呀，我好像忘记一件事，上次聚餐 AA 的费用还没有给你吧？

　　这种无缝插入的方式，既能提醒对方，又能避免你主动向他要钱的尴尬。当然，这种策略的前提是，对方真的忘记支付这笔费用了。如果遇到恶意逃避 AA 费用的"老赖"，这种策略也许就不管用了。面对这种死猪不怕开水烫的人，我们又该如何要回垫付的 AA 费用呢？

　　面子都是相互给的。如果我对你保持足够的尊重，你却不当一回事，就只有撕破面子这层皮了。你可以直接提醒对方："小王，上次我们聚餐的 AA 费用，你应该给我了吧？你看我最近穷得连盒饭都吃不起了！"如果这样做还不管用，你就以方便组织下次活动为名建一个 AA 聚餐群，把所有参与聚餐的人拉进来。然后，你在群里发一条温馨提示，提醒还没有支付 AA 费用的人员及时给你钱。接下来，你还要以群主的名义发一条正式的群公告，公布 AA 聚餐的游戏规则。认同这个规则的人自然会留下，不认同这个规则的人就会自觉退群。这样一来，就避免下一次 AA 聚餐有人拖欠费用的情况出现。

怎么开口让朋友还钱

借钱容易还钱难，几乎成了社会的一个通病。特别是关系要好的朋友之间发生了债务关系，在催朋友还钱的时候，很容易遭受朋友各种理由的拖欠，影响朋友关系。但是，欠债还钱天经地义，朋友交情更应该讲诚信，即便是铁哥们、好闺蜜，到了还钱的期限，也不能随意拖欠。

只不过，不到万不得已，朋友之间也不好因为债务关系撕破脸，所以找朋友还钱时，我们需要采取一些策略。比如，我们可以通过委婉的暗示，在聊天中巧妙地将话题引入钱的方面，并趁机道出自己的难处，暗示朋友还钱。来看下面这段对话：

> **小李**：冉哥，你的孩子该上幼儿园了吧？
>
> **冉哥**：没呢，刚满两岁。
>
> **小李**：时间过得真快啊，一晃我女儿马上读一年级了。这几天我和她妈妈商量，想让她读城南那边的实验小学，但那边学区房价格太贵了，我现在首付还差五六万。
>
> **冉哥**：这样啊，我不是还欠你三万吗？等我想想办法，看这两天能不能周转出来还你。

还有一种巧妙的植入方式，把朋友约到当初借钱给他的地方，让他联想当初借钱的场景。比如当时他是在一个茶楼开口找你借钱，你就以请他喝茶的借口，约他到这个茶楼聊天：

> **小李**：冉哥，我们有一年没有见面了吧？
>
> **冉哥**：就是，大家都挺忙的。
>
> **小李**：呵呵，我记得上次见面也是在这个茶楼，当时你找我借钱时说家里有急事需要资金周转，现在你的事情都解决了吧？

回到借钱的地方，在相同的场景提醒朋友，既表达了对他的关心，又委婉地暗示他应该还钱了。

如果你觉得无论哪种方式，当面让朋友还钱都开不了口，你还可以借用第三方朋友的关系，提醒对方还钱。将自己的难处告诉这个第三方朋友，让他在和欠你钱的朋友见面时，不经意地道出你的困难，让对方自己去领会其中的深意：

> **小张**：冉哥，你最近还和小李联系吗？
>
> **冉哥**：在联系，偶尔会打电话，微信上问候几句。
>
> **小张**：我听说小李最近情况不太好呢，他做生意亏了好几十万，债主每天都在逼他还钱。昨天他打电话找我借钱周转一下，哎，我是有心无力啊。

如果小李直接向对方道出自己的困难，对方可能觉得是为了催债编造的借口。但如果通过第三方朋友说出来，无疑就要真实得多。相信对方间接知道你的遭遇，内心一定会有所触动。

倘若你和对方平时都喜欢开玩笑，也可以选择一种幽默调侃的语气提醒对方还钱，比如你们一起喝酒的时候，你可以说："冉哥，今晚我必须多喝两杯。最近手头紧张啊，很久都没有出来喝酒了。"或者，你还可以说："冉哥，你没发现我瘦了一圈吗？最近吃不起饭，倒是圆了我多年的减肥梦。"朋友听到这些幽默式的自嘲，自然就会想到他应该还钱了。

如果邻居总是到你家蹭饭

远亲不如近邻，随着居住模式的改变，曾经其乐融融的院落开放式邻里关系变得可遇而不可求。和邻居建立良好的感情，有利于提高我们居住的幸福指数。邻里之间相互串门，一起遛娃逐渐成为一种美好的社区生活方式。但凡事也有例外，我们有可能遇到抠门的邻居经常到你家蹭饭，顺手还找你要一些小盆栽之类的东西。面对这种"极品邻居"，我们该如何应对呢？

中国式人情世故讲究礼尚往来。当邻居在你家蹭饭的次数多了，在合适的时机，你可以用半开玩笑的方式，提出去他家聚餐。这样一来二去，自然就形成两家人聚餐的一种规则和习惯。

小李：王姐，明天又是周末了，我们两家一起聚聚吧。

王姐：行啊，我正准备给你说这事呢。

小李：上次你老公说他红烧鱼做得很好吃，要不这次就到你家，尝尝他的厨艺？

王姐：可以可以，我这就回去让他提前准备食材。

这种先入为主的方式，既夸奖对方老公能干，又顺势将聚餐的主场转移到邻居家，可谓是两全其美。

如果你的脸皮不那么薄，也可以暗示邻居，到你家吃饭的时候，不能空手而来：

小李：王姐，我的饭菜快做好了，你几点下班啊？

王姐：我已经下班了，还有十分钟到家。

小李：好的，我们等你吃饭。对啦，刚才我看了一下冰箱，啤酒好像没有了，麻烦你在楼下超市顺便带一件回来呢。

邻居听到这番暗示，就会意识到自己每次空手到你家蹭饭，的确有些过意不去。你让对方顺便买点卤菜，买几瓶啤酒回来，对方一定不会拒绝。这样的次数多了，对方自然就会改变空手蹭饭的行为。

如果周末邻居邀约你一起带孩子到外面野炊，这时就要直接提出AA制的方式，不要碍于情面说不出口。因为如果不事先约定好，事后你再让对方分担费用，就更难说出口了。你可以使用这样的话术："王姐，明天野炊我这边已经准备了一些烧烤食材，你看你那边还可以准备一些什么，不要浪费了。"这种含糊的AA方式，虽然计算不那么精确，但也提醒了对方必须准备的东西，更能体现你的诚意。

细节决定成败，邻里之间相处本就容易产生矛盾。只要我们在处理邻里交往的生活细节时可以变通一些，聪明一些，一定能化解与邻居的很多尴尬和矛盾。

买单时他总是躲去卫生间

很久不见的老同学一起吃饭，聚会前对方主动说这次他请客。酒足饭饱准备买单撤退时，对方却突然站起来要去卫生间，要不就是电话凑巧响了，跑到外面接电话。一桌人左等右等，还不见他回来。最后服务员忍不住上来催促买单，大家你看看我，我看看你，无奈之下你举起手机打开了微信支付。等你刚刚把单买完，他就急匆匆地回到座位上，还大声责怪你为什么要抢着买单，是不是看不起他？

这样的场景你是不是觉得似曾相识？说好的是对方买单，结果你来做冤大头。这不是段子，生活中不乏这种偷奸耍滑的人，面子话说得非常漂亮，真让他破费的时候，他就会随便找个理由躲到一边去。对方偶尔这样的行为你可以接受，但次数多了，你就必须远离这种虚伪抠门的人了。当他热情地邀请你聚餐时，你可以随便找一个借口推脱：

小张：老同学，好久不见，明天晚上我约了小东他们，哥儿几个小聚一下，我做东，你一定要来哟。

小李：不好意思啊老同学，明晚我老爸生日，下次聚吧，你们哥儿几个玩得开心。

如果你实在推脱不掉，在结账时对方故伎重演，你索性再点两个菜两瓶酒，一边慢悠悠地吃，一边等他回来：

> **小张**：咦，哥儿几个还没有吃好啊？
>
> **小李**：大家久别重逢，还没有聊尽兴，我们就又喊了几瓶酒。来来来，张哥快坐下我们再喝几杯。

躲得过初一，躲不过十五，利用这种缓兵之计可以稳坐钓鱼台，等对方回来买单。对方如果是一个抠门的人，就会担心自己再借口去卫生间时，你们又要加酒加菜，就只能乖乖地坐下，守着你们早点结束饭局了。

还有一种巧妙的方式，如果临近买单时对方提出要去卫生间，你可以拍拍他的肩膀，拉着他的手，说道："哎呀，我也尿急了，走，张哥我陪你一起去。"有了你的监督作陪，他就不好躲在卫生间拖延时间了。

如果你无奈之下帮对方买了单，对方还故意装出生气的样子，责怪你不给他面子抢着买单，这时就千万不要客气了，马上顺水推舟地将结账单据塞给他，严肃地说道："既然张哥这么生气，那就麻烦你把这个账报了吧！"

还有人在快要买单的时候便突然装醉，趴在桌子上不省人事。你总不能当众揭穿他装醉的把戏。当你迫不得已替他买单后，第二天你再把账单和支付凭证发给他，对他说："张哥，昨晚你喝醉了，我去帮你买单的时候才发现钱不够，还是从胖娃那里借了三百块钱。"他听了你这番话，一定会乖乖地把餐费转给你。

曾经在抖音上看到一句发人深思的话："朋友聚餐，有人借口上卫生间悄悄买单，有人借口上卫生间是不想买单。"知微见著，通过对买单的反应就能窥见一个人的人品。如果你身边真有这种为了不想买单就躲进卫生间的同学或朋友，请你趁早远离对方吧。

亲兄弟，明算账

如果说在同事、朋友或其他外人面前一味付出吃亏不可取，那么面对亲戚甚至是亲人无节制的"打秋风"，我们是不是该对他们说不呢？答案当然是肯定的。中国有句古老的俗话："亲兄弟，明算账。"关系再亲密的人，涉及到钱财和利益关系，也必须保持应有的透明度。如果这方面处理不好，没有保持理智和清醒，即便你付出太多，也会引起亲人之间的误解、不满和纠纷，从而影响家庭和睦。

小李老婆家境不是很好，但一家人对老婆的弟弟非常宠爱。自打小李和老婆谈恋爱开始，小李就开始负担老婆弟弟读大学的生活费。大学毕业后，老婆的弟弟因为没有找到工作，在小李家白吃白住大半年。这些还能让小李忍受。不久前，老婆的弟弟想要买一辆车，就找小李借首付。小李想到自己每个月还几千块的房贷，还要供养两个孩子，就委婉地拒绝了。没想到小李的决定引起老婆和她娘家人的不满，认为小李冷血无情，亲情观念淡薄。

事实上，小李的遭遇在我们身边屡见不鲜。虽说亲人之间应该相互帮衬，但必须有两个前提，第一就是量力而行，第二就是对方索要的帮助必须有所节制，如果脱离这两个前提，亲情就会变成一种负担，一种危机。如果遇到自己有心无力的时候，如何拒绝亲人的求助呢？

小董：姐夫，我看中一套房子，首付三十万，我现在只有五万块，你能帮我周转一下吗？

姐夫：我和你姐的情况你知道，这两年生意不好做，我外面有很多负债。我只能借五万给你。给你提个建议，重新换一套便宜的房子，你的压力就不会那么大。

亲人确实遇到困难，根据自己的实际情况能帮衬多少就是多少，同时还要善意地提出一些合理建议，有助于对方减轻压力和解决困难的难度。

如果对方总是毫无节制地找你借钱，把你当成"亲情提款机"，你就要态度坚决，毫不犹豫地拒绝，哪怕惹来对方不满和记恨，也不能让自己陷入为亲情买单的无底洞：

小董：姐夫，你再帮帮我嘛，我这次真的连房租也交不起了。

姐夫：上次我就告诉过你，我是最后一次借钱给你了。你上了几年班，为什么还不懂得有节制地花钱呢？

要知道，面对张口就要，伸手就拿的亲人，你的忍让和纵容，非但不能帮助他扭转困局，反而会加深他对你的依赖程度，最终将你们一起拉下浑水。

最后，还要谨记的是，当你和亲人合伙创业做生意时，无论是股份划分、职责担当、利润分配乃至日常的每笔开销，都必须清晰透明，做到正规化的管控。只有这样，亲人合伙创业才更有信任感，更有机会成功。

第六章
▶ 遇到打小报告怎么办

本章精华　　一张口，两条利

　　人类一直有喜欢打小报告的恶习。所谓打小报告，专指一些别有用心的人偷偷地向领导或长辈夸大其词或无中生有地反映别人的问题和错误。古代的统治者为了控制下属和老百姓的言行，经常鼓励人们互相打小报告，导致朝堂尔虞我诈，社会风气不正，出现很多冤假错案。直到今天，这股打小报告的歪风邪气还存在我们身边，给我们的工作生活带来不少危害。

　　孔子说："君子坦荡荡，小人长戚戚。"一个君子最容易被小人打小报告。职场中，一些人为了钻营利益，养成在领导面前打小报告、搬弄是非的习惯。即便你和对方没有丝毫利益瓜葛，他也可能因为嫉妒你，或者为了在领导面前邀功，无中生有地中伤你，让你陷入无妄之祸。

　　日常生活中，你身边也可能存在喜欢打小报告的人。比如你在某次闲聊时无意谈论了一个朋友的情况，很快就有人将你说的话添油加醋地告诉了你的朋友，让朋友对你产生误解。某次亲友聚会上，你善意地开了一个未到场亲友的玩笑，聚会还没有结束，你就接到这个亲友打来的质问电话。如此种种，小报告总是让我们防不胜防。"一张口，两条利"，面对喜欢打小报告的人，我们如何才能堵住他们的嘴？或许本章能解决你一些困惑。

当你工作失误被同事打小报告

向领导如实反映情况和打小报告是两种本质截然不同的行为。下级向上级反映情况，属于职责所在，而且反映的问题客观真实。打小报告的目的是打击别人，满足一己私欲，所反映的情况往往是夸大失真或无中生有的事情。

职场是一个充满利益竞争的地方，有利益存在就无法避免明争暗斗。既然身在其中，难免不被卷入这些利益之争。尽管你对待工作兢兢业业、小心翼翼，但也总会因为失误被别有用心的人抓住小辫子，然后跑到领导那里参你一本。所以，一旦你发现自己的失误被人捅到领导那里，千万不要慌乱。及时向领导澄清事实的真相，让领导知道，哪些事情确实是你没有做好，对于这些事情，该承担什么责任就坦然担当；哪些错误你根本没有犯过，对于这部分责任，你必须借助事实真相坚决否认。

向领导做自我辩解时需要控制好情绪，先承认自己失误，再就事论事给领导陈述，你犯的错误有哪些：

领导：小陈，你作为一个老员工，为什么会犯这么多低级错误？

小陈：领导，这件事有些地方我的确处理得操之过急了。我愿意为失误接受处罚。但你刚才说的最后两件事，我没有做过。

领导：这么说是反映情况的人冤枉你了？

小陈：我已经说过，他反映属实的地方我承认，但那些不属实的地方，我坚决不认可。

　　这时领导可能质问你，要不要让反映你情况的人和你当面对质。既然领导说了，你应该马上答应下来，这样做，一方面更能表明你的态度，另一方面也让你知道究竟是谁在打小报告。当然，通常领导不会"出卖"打小报告的人。你一定要暗中调查清楚，找到背后捅你刀子的人。

　　揪出爱打小报告的小人并非难事，平时和你有利益交集的，或者你曾经无意间得罪过什么人，你掰着手指都能数清。当你掌握确凿证据证明是这个人时，先了解他打你小报告的原因，是他对任何人都这样，还是因为嫉妒你故意抹黑你。不管是哪种原因，你都要和他适当地保持距离，尽量减少工作和生活的交集。

　　如果你实在觉得咽不下这口气，可以在适当的时候给他一个小小的警告。请注意，警告并非是让你当面和他对质，或者将他一顿胖揍，而是在谈论某项工作时，有意无意提及这件事，点到为止即可，让他知道你不是任他欺负的那个人：

小张：上次我在这件事上被领导狠狠批了一顿，该不会是你给领导反映的吧？

小杨：怎么会呢？我才不喜欢搬弄是非。

小张：我就说嘛，我们关系这么好，怎么会是你呢？

　　领导为什么容易相信小人的谗言？根本原因是他对你的工作能力不信任，或者对你的为人不了解。如果你能力出众，在领导面前充分展示自己的人格魅力，无论职场小人如何中伤你，领导都不会动摇对你的信任。

从这个角度看，想要避免因小人打小报告躺枪，你必须不断提升自己的实力。一旦你将自己的能力锻造出众，懂得职场人际关系的小技巧，那些小人自然不敢轻易抹黑你了。

同事要求你打别人的小报告

职场中，除了防止自己被人打小报告，还要警惕不要被别有用心的人当枪使。比如有人想要诬陷某个人，自己不愿意出面，反而找各种看似合理的理由让你向领导反映情况，或者要求你在反映情况时添油加醋。遇到这种情况一定要断然拒绝：

> 张哥：小李，我听说小王拿了客户回扣，这个事情非常严重，我建议你反映给领导。领导非常信任你，这事你去说他会更重视。

> 小李：张哥，我这样做不妥吧。首先我不清楚内情。其次，如果你说的有充足证据，谁去给领导汇报他都会信。

即便向领导反映小王拿回扣的事情属于你的职责范围，也不能轻信对方的一面之词，要了解清楚事情的全部真相，再如实向领导汇报。如果小

王拿回扣是事实，向领导汇报前，你应该找小王告知你的计划，以免小王被人挑拨，认为是你打他的小报告：

> 张哥：小李，你是销售部经理，你们部门有人吃客户回扣，你该不该向领导如实反映呢？
>
> 小李：张哥，你说的这个人是谁？有真凭实据吗？
>
> 张哥：小朱啊，客户一个朋友亲自告诉我的，还有假吗？
>
> 小李：谢谢你的提醒，我会调查清楚的。

当你知道对方想要故意针对某个同事时，你是不是应该提醒该同事，让他提防身边的小人呢？这是一个比对方鼓动你去打小报告更敏感的问题。如果你明知对方有陷害同事的用心，却睁一只眼闭一只眼，未免良心过不去，尤其是，如果这个同事和你感情很好。但倘若你好心提醒对方，一旦他和对方发生矛盾冲突，对方肯定猜到是你出卖了他，你就会陷入挑拨离间的争议漩涡。

站在道义的立场，你应该及时向这位同事示警。示警的时候，不能指名道姓地告诉他，某某某想要陷害他。你可以从他正在做的这件事本身作为切入点，对他说："兄弟，这件事你进行得如何？现在很多双眼睛盯着你呢，你千万要谨慎小心，绝对不能出任何纰漏。"同事听到你这番暗示，立即就会心知肚明。

当要求你去打同事小报告的人是你的领导，或是公司有背景的人，你该怎么拒绝呢？他们鼓动你去做这件事，无非有两种原因：第一就是想用权势来压迫你，第二就是想要让你选择站队。如果你接受这个要求，你就是他的人，如果你拒绝他的要求，你可能就会成为他卜一个对付的眼中钉。

出现这种情况，请一定坚守中立公正的立场，避免卷入内斗漩涡。就算拒绝了对方的要求，以后被人打小报告，你内心也会非常清楚就是他在背后陷害你，到时需要反击就能有的放矢，容易得多。

你突然撞见别人打你小报告

当你走到领导办公室门口，准备敲门进去向他汇报工作时，突然听到有同事正在里面打你的小报告。听着对方在领导面前无中生有、添油加醋、颠倒是非，你浑身的血液顿时像开水一样翻涌。你恨不得立即推开门冲进去，先给对方两耳光，然后再将他驳斥得体无完肤。

但我想说的是，如果此时你不顾一切地冲进去对质，非但不能戳穿对方的谎言，反而会导致两败俱伤，让局面变得更加复杂混乱。首先，你的突然出现，让领导误认为你是做贼心虚故意在外面偷听；其次，领导刚刚听了对方一面之词，并不了解事情的真相，对方话音刚落你就要急于辩解，领导同样会认为你有问题。第三，因为你的情绪处于失控状态，对方则是老谋深算有备而来，就算让你和他当面对质，恐怕也没法自圆其说，你总不能真当着领导的面胖揍他一顿吧？

所以，这种情况下，最好的处理方式就是保持冷静，站在门外听清楚对方如何中伤你。知己知彼百战百胜，只有知道对方给你准备的小报告内容，你才能根据这些内容做出应对。你还能从领导和对方的交谈中判断领导对这件事的态度，更有利于你在领导面前做出解释。

在对方走出领导办公室之前，你要立即远离办公室门口，然后制造你和他在办公室外偶遇的场景。这时他刚刚打完小报告，突然看到你肯定会有些心虚。他也许还会冲你不自然地笑笑，这时你就冷不防地点明，警告他，你知道他在给你"下烂药"：

小李：张哥，领导在办公室吗？

张哥：在呢，我刚从他那里出来。

小李：我准备去找他汇报工作，对啦张哥，你找领导说的该不会和我说的是同一件事吧？

话中有话，敲山震虎，可能会让对方意识到，你已经察觉他在领导面前搬弄是非。当你见到领导后，就装着什么都不知道，心平气和地汇报对方刚刚诬陷过你的这件事，并将你准备好的证据材料交给领导。只要你的陈述有充分的证据，领导自然就会明白，刚才对方打你的小报告是不成立的：

> **领导**：小李，你来找我有什么事吗？

> **小李**：领导，我专门来向您汇报我正在跟进这个业务的情况。我先给您做口头汇报，回头我会写一份详细的工作报告给您。

有了你的口头陈述和书面材料，领导就会对这件事的来龙去脉了解得更清楚，对方打你小报告的危机自然就化解了。以后的相处中，你要做的就是远离打你小报告的人，尽量不要让他参与到你的工作和生活中。

你突然撞见别人打同事小报告

隔墙有耳，有人在打同事小报告的时候，很可能就会被经过的人无意中听见。假如听见的这个人是你，这时你该如何处理呢？也许你会觉得，事不关己高高挂起，反正又不是自己被诬陷，就当没听到吧。

这样的态度也没有什么不对，毕竟明哲保身也是职场的生存法则之一。但你必须考虑的是，如果打小报告的这个人不只是出于矛盾针对某个人，而是一种习惯，他下一个要陷害的人可能就是你。这个时候，你需要弄清三件事：第一，对方给领导说的事情哪些是真的，哪些是假的；第二，这些事情是否牵涉到你。要知道，有人打小报告，真正想要打击的人不是他直接陷害的这个人，而是这个人背后的人。第三，被对方陷害的这个人和你关系好不好，如果关系好，你不仅要在合适的时候提醒他，还要暗示他对打小报告的人做好提防。

了解清楚这些情况，你心里就有数了。但你不能直接走进去，打断对方与领导的谈话，而是做好回避。待对方从领导办公室出来，你再去找领导汇报工作。领导可能还在思考他听到的事情的真假，可能会找你求证，你又该如何回答呢？

> **领导**：小李，有件事我问你一下，你必须实话实说。

> **小李**：领导请问，我一定知无不言。

> **领导**：我听说老张在和我们有竞争关系的公司兼职，你知道这件事吗？

> **小李**：啊？这事听着有些玄乎，老张是老员工了，领导您一定要搞清楚它的真假。

这样的话术，既没有帮老张说话，又暗示领导，作为老员工的老张如果做这件事肯定会令所有人惊掉下巴。至于事情的真相，还需要领导自己去查证。

接下来，当你见到老张时，如果你确定他是被冤枉的，不管他和你关系如何，出于道义，你必须委婉地对他示警：

小李：老张，你最近是不是和竞争公司那边的人在来往？

老张：是啊，我一个老同学就在那边上班。

小李：原来如此，这段时间你还是不要和他来往了。空了你去找领导说明一下情况吧。

当老张听你这么说，心里就会明白，一定是有人拿这件事做文章。如果他要继续追问你，是不是谁打他的小报告了。你可以含糊其辞地说，你是偶尔听到一些风言风语，切勿直接告诉他，是某某在领导那里打他的小报告。

客户在老板面前打你小报告

日常工作中，我们都可能遭遇客户投诉。如果你被客户投诉，说明你的服务没有让客户满意，客户有抱怨，向你的领导或老板投诉，本就不足为奇。面对客户正常投诉，你要做的就是认真审视自己的服务过程，看看是哪个环节出了问题，积极地向客户道歉并改正这些不足，争取得到客户的谅解。

但有的客户因为对你不满或其他原因，有时会夸大其词地罗列你的"罪状"，而且还是在和你老板喝茶、喝酒这些非正式场合打你的小报告，这样老板更容易相信客户的话。如果你遭遇客户的恶意诽谤，当老板找你问责时，你必须足够的冷静和专业，不能因为客户歪曲事实闹情绪，这样反而让老板觉得你不够成熟。来看下面这段对话：

老板：小李，上周你去见王总，是不是在他面前发火了，还说了很多过激的话？

小李：领导，这其中恐怕有什么误会吧？您看我性格这么好，怎么会随便发火呢？

接下来，你要虚心地向老板了解客户投诉你的具体内容，分析其中是不是真的存在误解或沟通方面出了问题，从而摸清客户打小报告的真实意图，并将你的分析结论告诉老板，提出你下一步解决争议的措施。这样做，老板不但觉得你气量宽广，还会赏识你积极解决矛盾的态度。

解铃还须系铃人，毕竟客户是上帝，在合适的时机，主动和客户沟通，即便他打了你的小报告，你也要给他一个台阶下，努力重新和客户建立良好的关系：

小李：王总，上次您在我们老板面前对我工作的批评和建议我都知道了，非常感谢您对我的关心。

王总：我这样做也是希望我们合作更顺畅。

小李：是的，下次我要是哪些地方做得不好，您可以直接批评指正我，这样我会改进得更快。

言外之意就是，你有什么不满冲我来，不要再拐着弯去老板那里搬弄是非。但因为小李态度诚恳，给足了客户的面子，客户今后就不好再去老板那里告他的黑状了。

吃一堑长一智，我们在工作中要善于从每次挫折中总结经验。对于客户的投诉，不管内容是真是假，都要积极反思自己的工作方法和沟通技巧，采取有效措施来预防这样的事情再次发生。

同事在客户面前打你小报告

有些心怀不轨的同事为了打击你，采取釜底抽薪的办法，在你的客户面前打小报告，编造一些谎言，让你失去客户的信任，从而失去正在跟进的业务。

小刘合作多年的一个经销商，这段时间突然对他的态度变得冷淡。小刘两次登门造访，都被他以各种理由拒之门外。小刘感觉非常蹊跷，他静下心来反思自己行为，并无不妥之处。后来，小刘找到一个和这个经销商熟悉的朋友了解内情，他终于找到了原因，原来是公司某个同事向经销商打了自己的小报告，说什么公司对经销商有额外的返点作为超出销售额目标之外的奖励，是他把本来应该给经销商的回扣私吞了。

得知这个情况，小刘非常气愤。他很快知道了是谁在经销商面前捅自己刀子。原来这个同事想要撬小刘的业务，就向经销商编造小刘私吞并不存在的返点谎言。但小刘并没有找这个同事兴师问罪，而是再次登门，向经销商说明了情况：

小刘：陈总，我们合作多年彼此信任，我怎会因为一点小利益失去您这么一个大客户？

经销商：小刘，对不起，我不该听信别人的一面之词。

小刘：没事陈总，以后有什么问题，我们及时沟通就行了。

与经销商消除误会后，小刘接着思考如何处理同事向经销商打小报告挖自己墙脚这种十分恶劣的事情。一开始他想要息事宁人，最多找合适的机会给对方一点警告就是了。但他转念又想，对方这种行为不仅损害了自己的利益，还会对公司的声誉造成严重影响，如果就这样作罢，保不准对方还要起幺蛾子，用相同的伎俩对付其他同事。但他又不能直接向公司举报这个家伙。于是他请求经销商，由他出面将事情的来龙去脉告诉公司老板。最后公司在得悉此事后，果断地开除了这名品行败坏的员工。

如果你的业务做得风生水起，难免会引起某些同事眼红。而在客户面前泼你的脏水，无疑是打击你的最好方式。既然小人难以防范，我们就要努力和客户保持紧密良好的合作关系。除了提升自己服务的专业水平，就是要严格遵守公司制度和相关的法律法规，不能因为拓展业务就随便承诺或给予客户超出你权限或有违法律的好处。只要在客户面前保持你的"清白之身"，就算有人在客户面前煽风点火，也不会烧到你。

一个朋友在另一个朋友面前打你小报告

朋友相处，最忌讳在一个朋友面前说另外一个朋友的闲话。特别是那些带着个人情绪，和事实有出入的闲话，很容易造成误会，影响朋友感情。所以，无论与关系多么要好的朋友在一起，首先保证自己不要多嘴，轻易评价你们共同朋友的事情。

但还有一种情况，如果你从朋友那里知道有朋友在他面前说你的闲话，你会怎么处理呢？来看下面这段对话：

小秦：张姐，有件事我不知该不该对你说。

张姐：我们是好姐妹，有什么话你就说嘛。

小秦：前几天我和娟子喝咖啡时，她对我抱怨说，你私下约她的男朋友去看歌剧。

张姐：原来是这事啊，娟子肯定误会了。那天我陪客户看歌剧，碰巧和她的男朋友坐到一起而已。

了解清楚原委之前，千万不要在这个"中间人"面前发火，更不要争辩，甚至以毒攻毒地对着这个中间人揭发打你小报告朋友的短处。你需要弄清，这个朋友为什么会在另一个朋友面前打你的小报告，这中间是不是有什么误会。如果你表现得情绪激动，就会让你对面的朋友尴尬，并以为你真的有什么问题。

在清楚原因之后，你可以基于事实做出一些合理的解释，并告诉这个中间人朋友，你会找适当的机会向对方澄清。当然，如果你觉得对方不一定听你的解释，也可以委托这个中间人代为澄清。

比如这个事例中，张姐在知道娟子打自己小报告的经过后，并没有急于找娟子解释，而是进一步了解娟子这么做的动机。原来最近娟子和她的男朋友感情出现问题，娟子变得疑神疑鬼，就抓住那次歌剧院的偶然事件，怀疑张姐和自己男朋友有染。

几天后，张姐在这个中间人朋友的陪同下约娟子出来喝咖啡，她将那天自己和客户一起看歌剧的实名制门票拿出来给娟子看，终于化解了娟子的疑虑。

这种因为误会让朋友打你的小报告，处理起来相对容易一些。我们最忌惮的就是有朋友因为利益翻脸不认人，在另一个朋友面前抹黑你。比如下面这个场景：

董哥：小李，我们合作快十年了吧？有一件事你今天必须给我解释清楚！

小李：怎么啦董哥，是我有什么做得不对吗？

董哥：你为什么在陈哥那里造谣，说我在公司的决策事务上打压你？公司的大事小事不都是我们一起商量的吗？

小李：绝对不可能！陈哥他是不是对我们的关系有什么误会？他虽然是我们的朋友，但和我们的生意没有任何瓜葛，我怎会在他面前说公司的事情呢？

知道是陈哥在董哥面前搬弄是非，小李立即意识到，一定是陈哥看到他和董哥合伙的生意做得风生水起，就起了嫉妒之心，想要挑拨他俩的关系。小李首先立场坚定表达自己的态度，他不可能在外人面前对合伙人朋友说三道四。然后又以自己与董哥的合作利益关系为依据进行分析，让董哥知道，陈哥的话不可信。

当然，小李在对陈哥的小报告提出质疑时，并没有直接说他在造谣，也没有要求董哥让陈哥来对质，而是以充分的依据和清晰的逻辑为自己洗清冤屈。只要他的合伙人朋友不是一个糊涂虫，自然能意识到陈哥的小报告是对小李的诬陷。

朋友在你面前打另一个朋友小报告

和朋友在一起喝茶聊天时，他突然开始向你抱怨你们另一个共同的朋友，并说了很多在你看来无中生有的话，这时你该怎么办？

这是一个非常敏感的时刻，如果你为了照顾他的情绪刻意附和他的看法，意味着你和他达成了某种共识，下次他在对另一个朋友抱怨时，就会加上一句："你不信可以去问问××，他也是这么认为的！"如此，不但会给你们那个共同的朋友造成伤害，还会破坏你的朋友关系。

如果你认为他说的不是事实就直接地否定他，让他不要造谣，也会引起他的不满，可能让他的情绪更激动，认为你是在袒护另一个朋友。到底怎么做才能既能表达你的态度，又不伤害你们三个人的感情呢？你首先需要保持冷静，不要立即对朋友的看法做出反应，在倾听他观点的时候揣摩他这么说的原因，避免更深的误解发生。

当你评估对方话语的真实性之后，即便面对一些不实的谈论也不要急于纠正，而是继续判断对方是不是由于个人偏见或误解才得出这些看法：

小吴：郭姐，知人知面不知心啊，要不是那天我一个同事正巧碰到丹丹，我真不知她竟然是这种对朋友两面三刀的小人。

郭姐：小吴，你不要激动，我想其中肯定有什么误会。

听了对方的一些不实指责，你可以委婉地提醒对方，不要因为误会伤害了朋友感情，这也是变相表明了你的态度：既然存在误会，对方的看法有可能就是错的。这种温和的方式不会让对方反感，认为你有偏袒之心。营造了这种相对轻松的聊天环境，对方会更愿意向你倾诉，吐露她向你打小报告的真实动机或原因：

小吴： 我和丹丹认识十多年了，那天我求她帮点小忙，她竟然就不愿意，还说这样做会违反规定。

郭姐： 原来误会就是这样引起的啊，丹丹可能的确有她的难处，改天我约上你和她好好聊聊。

一旦弄清了事情的起因，你就能找到化解对方和另一个朋友矛盾的办法。可以鼓励对方与被议论的朋友积极正面地沟通，解决他们存在的矛盾和误会。如果这时对方还要继续在你面前说一些不公正或不实的言论，就应该温和而坚定地表达立场，告诉对方："我认为不管什么时候，在没有确凿证据的情况下，都不应该随意对别人进行评价，尤其我们相互都是朋友。"当然，这时你需要给对方一个定心丸，让他知道，不管他和另一个朋友存在什么误会，都不会影响你们两个人的友谊。

需要记住的是，在你调解对方和另一个朋友的关系时，不能将你听到的那些坏话告诉其他朋友，以免造成更大的误会。

第七章

▶ 幽默不是冷幽默

幽默是一种天性

　　如果世界上少了幽默的人和幽默的元素，人类就会失去很多笑声与乐趣。莎士比亚曾经说过："幽默和风趣是智慧的闪光时刻！"日常生活中，我们都喜欢和幽默的人打交道，因为他们的一句话、一个表情，就能化解我们的烦恼，让我们在笑声中更轻松自如。一个幽默的人，能在面对挫折时找到积极乐观的情绪。

　　幽默到底是先天获得的，还是后天锻造的？如何才能变成一个幽默的人呢？我将幽默视为一种天性，并非是指某个人的天性，而是人类与生俱来共有天性，它就像我们需要吃饭，需要呼吸空气一样不可或缺。现实中有很多风趣幽默的人的确是性格所致，但并不等于一个平时不苟言笑，性格古板的人就不懂得幽默。幽默表现的是一种人生智慧，要想提升幽默感，就需要我们对生活多一些感悟，需要我们在学习和工作多获取灵感和知识。还有最重要的一点，随时保持乐观的心态。要知道，一个悲观的人是无力幽默的，因为幽默的灵感一直都是在笑容中而不是在眼泪中出现。

　　幽默也需要一些方法和技巧，比如学会观察生活，多看一些幽默的书籍或电影，经常与幽默乐观的人相处等等。现在让我们一起探讨，如何让幽默带来笑声，而不是让它成为尴尬的冷幽默。

一个冷幽默能把天聊死

在一次相亲过程中，男女双方都看对眼了，相谈甚欢的时候，男生为了显示自己的幽默，冷不防冒出一句冷笑话，突然就让气氛变得异常尴尬，比如这样的场景：

男：你这么聪明，我出一道脑筋急转弯你猜如何？你要是猜对了，下次我请你看电影。

女：好啊，你说说看。

男：一只鸡和一只鹅钻进了冰箱，鸡死了鹅还没死，为什么呢？

女：这个太难了，我猜不出来。

男：因为那是一只企鹅啊。

女：……

男生这种无厘头的冷笑话非但没有让女生感到快乐，反而让她觉得无趣和恶俗，毫无疑问，他们接下来就很难再愉快地聊下去了。本来有可能成功的一段美满姻缘，就这样被一个冷幽默扼杀在摇篮。在日常的人际交往中，我们随时都可能遇到这种把天聊死的冷幽默。这就要求我们和人交谈时，一定要学习掌握沟通的技巧，根据不同的人采取不同的交谈方式。有的人天生幽默，性格随和，领悟能力强，喜欢幽默的谈话。即便你讲的笑话再冷，他也能心领神会。

但还有一些人，性格比较古板一些，反应比较慢一些，他们就喜欢正经地聊天，反感这种插科打诨的方式。如果你在他们面前过度地展现你的幽默，他们就会觉得你油嘴滑舌。假如你讲了一句冷笑话，他们在不能理解的时候，反而觉得是一种讽刺或冒犯：

小张：你现在能想起，我交给你那些未报销的发票放哪里了吗？

小王：哎呀，我真想不起来啊。

小张：那明天我来找你吧，明天你肯定能想起。

小王：明天周末，我还是想不起，我想睡懒觉。

小张：你这是什么态度，耍我是吧？

幽默虽然能解决说话太直的麻烦，但它并不是万能的，需要分场合与谈话的对象。比如当领导和你洽谈一件非常严肃的工作时，你就要慎用幽默的谈话方式。毕竟工作不是玩笑，在工作状态下幽默过度会让领导感觉你是一个轻浮、不稳重的人。

在一些特殊节点和场合，你的冷幽默可能会引发更大的误解或社会性非议，导致你遭受舆论谴责甚至网暴。比如面对一起负面的公共事件或抗战纪念日等这些特殊时刻，无论是你在和朋友私下聊天，还是在网络上发表观点，还是在直播间回应粉丝的问题，都不能随便使用调侃的语气，哪怕你的幽默和调侃并没有什么恶意，也容易被人误解。

如果是别人在你面前讲了一个冷笑话，导致聊天冷场时，处理的方式和前面对待领导讲冷笑话的态度是一样的，不管对方的笑话有多么冷，你都要及时做出礼貌的回应，即便是一丝微笑，一个点头，也能表现你对别人的尊重，无形中化解冷场的尴尬。

任何玩笑都有底线

开玩笑是幽默的一种表达方式。善意的玩笑可以调节气氛，缓解紧张情绪，让人与人的关系更加亲密和谐。西汉时期的幽默大师东方朔，经常喜欢和汉武帝开玩笑，让他在和汉武帝相处时没有"伴君如伴虎"的恐惧，赢得了汉武帝的宠信。

但任何玩笑都有底线，一旦玩笑突破底线，就会让人感到不快，变成一种讽刺和侮辱，甚至伤害到别人的感情，引起不必要的误会与冲突：

小张：李姐，这次回家你父母一定非常心疼你吧？

李姐：是啊，你怎么知道呢？

小张：你看，一周时间你比猪还胖了，肯定吃了不少好吃的啊！

李姐：……

　　换成你是李姐，听了小张这种极具侮辱性的玩笑话，肯定也会感到无语。所以，我们开玩笑时一定要尊重别人的感受。不要取笑对方的缺陷和隐私，因为这种玩笑伤害别人的尊严，甚至涉嫌人身攻击。同时，我们在开玩笑时还必须了解对方的背景、性格、情绪和文化因素，一旦对方对一些话题感到敏感，就不要轻易触碰。尤其是来自少数民族的朋友，他们都有自己独特的民族习俗，如果你拿民族传统开玩笑，就不只是伤害一个人的尊严了，你可能会伤害一个民族的情感。

　　和别人开玩笑时，还要分清场合与时间。有一些重要的时间和场合，比如一些庄重或悲伤的时刻，就不适合开玩笑。来看下面这个例子：

小刘：李哥，失业也不是一点好处都没有。

李哥：何以见得啊？

小刘：你看你丢了工作才两周，人就瘦了一圈，至少减肥成功了啊！

　　小刘原本想安慰失业的李哥，让他变得乐观起来。但他拿李哥失业后的痛苦开玩笑，就容易让对方感到不适。开玩笑也是一个相互尊重的过程，如果我们不尊重对方的感受和意见，只图自己一时口舌之快，就会适得其反，引发对方的反感和愤怒。倘若你的玩笑已经让对方的脸色不好，你应该及时道歉，并马上转移话题，停止开这个玩笑。

　　陈哥和妻子刚结婚两个月，他们的女儿就出生了。朋友们纷纷前来祝贺。陈哥最好的兄弟小王突然拿出他的礼物——一盒包装精美的水彩笔递给陈哥。这时有人问："小王，你现在就送孩子水彩笔，是不是太早？"小王望着众人，大声说道："不早啊！小公主本来应该要两个月后才出生，可她现在就出生了。说明小公主很着急啊，我想五个月后她就能上幼儿园了！"众人听了，顿时满堂哄笑，陈哥和妻子却满脸通红，非常愤怒地盯着小王。原来小王是在拿陈哥和妻子的隐私开玩笑，自然引起对方的尴尬和愤怒。

由此可见，遵守开玩笑的底线有多么重要！玩笑开得好，感情就会加深。玩笑开过了头，就会把自己变成笑话。如果因为一个不合适的玩笑破坏了一段良好的人际关系，就如同在自己面前建了一堵墙，断了一条路。请记住，凡是涉及人身尊严、个人隐私和个人兴趣、习惯以及一些敏感问题的玩笑，请不要随便乱开。

对性格内向的人谨慎开玩笑

为什么要少和性格内向的人开玩笑呢？首先，一个性格内向的人，平时处世非常深沉，很善于掩饰自己的情绪，让外人难以琢磨他的真实想法。前面说过，开玩笑之前要了解清楚对方感兴趣和忌讳的东西，在这种情况下，如果贸然和他们开玩笑，很可能触碰到他们敏感的神经，引起他们的反感和愤怒：

请注意你的言辞！

别瞒兄弟了，谁都知道你找了个富婆，发达了！

小马：王哥，恭喜你买新房了。

王哥：哪有的事情啊？你从什么地方听来的小道消息？

小马：别瞒兄弟了，谁都知道你找了个富婆，发达了！

王哥：请注意你的言辞！

换一个外向的同事，他一定会同样以开玩笑的口吻反唇相讥："我发不发达跟你有关系吗？"遗憾的是，王哥性格内向，自尊心强，听到这样的玩笑话，自然觉得受到侮辱，感到十分愤怒。所以，面对王哥这种性格类型的人，我们和他的交谈方式就要正式一些，严肃一些。

性格内向的人往往不善言谈，与人说话言简意赅，直来直去。他们未必有多余的心思揣摩你开玩笑的用意，所以，就算你和他们开了一个得体的玩笑，也不一定能引起他们的共鸣，反倒自讨没趣，比如下面这段场景：

病人：医生，你能不能让打点滴的速度稍微快点呢，我赶时间。

医生：要不你一口喝光它？

病人：你想毒死我吗？你为什么不喝呢？

这位病人就是一个性格内向，却又性子急的人。医生看到他着急的样子就和他开玩笑，谁想病人却当真了。这就是一个内向的人和一个幽默的人对同样一件事情理解出现的偏差。当两个人的认知没有同频时，开任何玩笑都会失去它原本的意义和作用。

总之，一个性格内向的人心思缜密，在面对人情世故时注意说话和做事的分寸。他们更愿意守护相对稳定和保守的人际关系，不喜欢做一些出风头的事情。在他们看来，开玩笑就是一种轻率的行为。对于他们的这种态度，我们应该保持理解和尊重，尽量避免和他们开玩笑，以免造成一些误解或冲突。

偶尔自嘲让你更受欢迎

有这样一句话，不知大家是否听过："普通人经常嘲笑别人，真正幽默的高手只会嘲笑自己。"自嘲，是一个人幽默的最高境界，也是一种乐观智慧的自我调节方式。你的生活如果多一些幽默的自嘲，会让你过得更轻松自如，还会让你显得更谦逊，更受别人欢迎。正如美国心理学家卡耐基在《人性的弱点》中所言："自嘲，是用另一种坦然的心境走向光明，从而将黑暗永远留在我们的脚跟后面。"所以，自嘲看似在暴露自己的缺点，其实是一种豁达高级的精神境界。

抗战胜利的时候，张大千准备从上海返回四川老家，一干好友为他设宴饯行，邀请了京剧大师梅兰芳作陪。宴会开始后，众人请张大千首座就坐，张大千却推让说道："坐首座的人应该是梅先生，他是君子，我是小人，愿意在末座作陪。"梅兰芳等人不知他话里的意思，张大千继续说："中国有句古语叫'君子动口，小人动手'，梅先生唱戏动的是口，我作画动的是手，所以梅先生理应首座。"大家听了开怀大笑。

这就是自嘲的魅力，表面上是在自贬，实则是在展示自己豁达的胸怀，营造轻松愉快的聚会氛围。在心理学中，有两个专业术语，即"心理防御机制"和"出丑效应"。一个人在感觉自己受到攻击前，会预判别人的话术和行为，率先做好防御准备，先自揭短处，好让准备嘲讽你的人无机可乘，乖乖地闭嘴。来看下面这个场景：

小王：你就是张阿姨介绍过来相亲的吧？

小周：是我，让我先做自我介绍吧。我身高只有 1.6 米，也许并不是你梦想中高大的白马王子类型，但俗话说得好，有志不在身高，无志空长百尺。浓缩的才是精华，我和拿破仑、马云比个头，也不算矮。

面对相亲对象可能嫌弃自己长得矮，小周主动拿自己身高开涮，同时充满自信地告诉对方，我虽然长得矮，但志向远大。听了小周的自嘲，就算小王真的对他身高不满意，也不好明说了。自嘲式的"出丑效应"充分证明，聪明人即便犯错，也会更让人们喜欢。因为它能够让自己处于和对方平等的地位，让你和对方的距离更近。这样一来，别人就不会反感你的缺点，反而会赞赏你的真实和坦率。

当年苏轼因为乌台诗案被贬黄州，一家人穷途末路生活艰难，全靠他在黄州城东郊的坡地上开垦的一块荒地种植粮食，维持一家人的生计。于是苏轼给自己取了一个充满自嘲味道的名字"苏东坡"，千年之后，"苏东坡"已经成为中国文学史上最璀璨的一个名字。由此可见，自嘲代表的是一种极致的乐观情绪，是一种历经沧桑云淡风轻的豁达胸襟。让我们都学会做一个善于自嘲的人，远离焦虑，勇敢地正视自己的弱点，成为一个真正幽默快乐的达人。

多和身边人分享日常生活的笑点

要想提升自己的幽默细胞，一个直接的方法就是善于发现生活的快乐，并将这些快乐分享给身边的人。只要我们善于观察就会发现，生活中随处都充满包含快乐因子的笑点。孔子有云："智者乐水，仁者乐山。智者动，仁者静。"只要你是一个智慧仁义的人，就可以在山水之间、动静之余发现生活中的很多笑点。脱口秀电视节目为什么一直保持较高的收视率呢？就是因为脱口秀演员善于从生活中发现笑点，并通过自己诙谐幽默的表达方式分享给我们，让我们都能为此开心一笑。

来看下面一个场景：

小张：昨天晚上玩游戏，我差点就把电脑砸了。

小李：干吗这么大的火气？

小张：你是不知道，我的队友都是猪队友，把我坑惨了。我气得想摔东西，结果一看，旁边就只有电脑最值钱。

这就是生活中最简单的一个笑点，它看似微不足道，但经过小张的分享，让人感觉小张在不如意时苦中作乐的豁达心态，令人捧腹的同时，也给我们的人生带来一些启迪。

再来看这段父女之间的对话：

女儿：爸爸，为什么你们大人总是说"笑一笑，十年少"呢？

父亲：因为爱笑的人心情好，心情好身体就会健康，看起来就会很年轻啦。

女儿：那我也要多笑，这样长大后就不用像妈妈那样花钱买化妆品了。

童言无忌，我们身边很多笑点都是从小孩子嘴里蹦出来的。现在很多百万粉丝的抖音博主，日常分享的都是自己和孩子之间的那些趣事糗事，让粉丝们看了忍俊不禁。

因为工作强度大，小李每天晚上都要加班到十二点。于是邻居王大爷每天早上在电梯口碰到他，都看到他拿着一杯咖啡。王大爷好奇地问道："小伙子，大清早喝咖啡，你就不怕晚上睡不着觉吗？"小李苦笑一声："就是因为我晚上没有时间睡觉，所以早上才要喝一杯咖啡，铆足精神去上班啊！"王大爷若有所思，当电梯门打开时才突然自言自语地说："看来我早上也得喝一杯豆浆，这样才有力气去和楼下的大妈们跳广场舞。"

小李来到公司，把这件事讲给同事们听，同事们笑得前翻后仰，怀着愉快的心情开始一天的工作。

看了这些事例，你是不是觉得分享生活中的快乐笑点就是这么简单？只要你找到的笑点不带有侮辱性，而且不会给当事人的名誉和尊严带来伤害，你完全可以把它们加工成自己的笑话，通过你的嘴巴、微信朋友圈、抖音等传递出去，让更多人都可以因此会心一笑。

第八章
▶ 巧妙化解突发性社死

本章精华　　**宁可尬笑，不要社死**

生活中总会发生一些意想不到的小意外，让人尴尬和哭笑不得，比如在街上认错人、朋友的婚礼上突然遭遇前男友、因为早上急着出门穿反衣服、年终总结会发言时因为紧张念错发言稿等等。

脱口秀演员艾伦·狄珍妮在一次演出时，麦克风突然没有了声音，面对台下观众们的困惑与笑声，她从容不迫地说道："看来麦克风是想通过罢工让你们欣赏我最本色的天籁。"粉丝们顿时一片掌声，都为她的机智和幽默叫好。

在公共场合发生糗事，不一定是坏事，这反而是考验我们反应力、化解危机能力的好时机。遇到这种情况，我们一定不要慌张。你可以通过自嘲向大家道歉，也可以借题发挥巧妙地转移话题。如果你的失误让别人感到不适，这时就应该虚心接受批评，争取得到宽容和谅解。

"宁可尬笑，不要社死！"每个人的成熟和成功都并非一蹴而就。如果把人生看成是一条激流勇进的河流，这些防不胜防的糗事便是你在奋力搏击时扬起的浪花，你没有必要逃避，而是要换一种乐观的心态去解决。

遇到老板突然失态怎么办

平时看起来一本正经、一丝不苟、高高在上的老板，也免不了有在员工面前或公共场所出糗的时候，比如叫错员工的名字、衣服的扣子扣错、不小心将私人聊天错发到了公司高层管理群……遇到老板出糗，你该怎么做才既能化解尴尬挽回老板的面子，又能让老板对你处理社交细节的能力刮目相看呢？

早上上班时，公司一位员工在电梯里遇到老板，打个招呼后，发现老板外套的扣子扣错了，顿觉尴尬却又不知怎么提醒。一想到老板上午还要会见一个重要的客户，员工回到工位上，立即给老板发了一条微信：

员工：徐总您好，今天您衣服的扣子走错门了。

老板：哈哈，谢谢提醒，它们今天串门去了。

用这种幽默诙谐的话语提醒老板，不仅不会让老板感到尴尬，还会让老板赏识你的机智。还有一种情况，比如在开会时老板出现了相同的糗事，你如何提醒他呢？如果你当着大家的面直接说出来，老板肯定当场社死。如果你假装不知道，场面就会一直尴尬下去。这时你可以随机应变，通过其他方式提醒他。比如，你可以借一个合适的时机，悄悄地塞给他一张小纸条，或者偷偷地给老板发一条短信提醒他。当然，如果你和老板关系非常好，彼此能够做到心有灵犀，你就可以朝他使个眼神，或打一个手势来提醒。

公司举行年会，助理小魏偶然发现老板的西服脖子后面沾了很多头皮屑。由于之前一直和老板商量接待流程，小魏和老板都没有注意到这个细节。但这时老板正和客户举杯交流，相谈甚欢。小魏看着老板衣服上的这些不雅之物，想要伸手去拍掉，却又担心这样做不免唐突。正当她手足无措的时候，突然有一只小鸟从他们头顶飞过。小魏急中生智，喃喃自语地说道："哪里来的小鸟，竟然把房顶的灰尘带下来了。"说完，她就很自然地伸手把老板脖子后面的头皮屑轻轻地拍掉。老板转身，朝她心领神会地笑了一下，眼神中对她充满了感激和欣赏。

办公室素有八卦的风气，一些好事的员工无意中看到老板出糗，就会如获至宝地在同事中间津津有味地传播，殊不知，这种散布老板糗事的行为乃是职场大忌。首先，如此随意散布别人的糗事，是对别人的不尊重；其次，散布老板的糗事，一旦这些事情流传到公司外面，就会有损公司形象，让整个公司都成为别人的笑柄；第三，如果老板知道是你在散布这些事情，对你的印象就会变得很差，也许你这份工作就做到头了。

所以，当我们无意遇到老板出糗失态时，如果没有机会提醒他，帮助他化解尴尬，最好的方式就是守口如瓶，装着什么都没有看到。来看下面这段对话：

> **小李：**张哥，我昨天看到老板在洗脚城门口被老板娘打了两耳光，他在我们面前这么凶，原来是个妻管严。
>
> **张哥：**妻管严才是好男人啊，别到处搬弄是非。

每个人都会出糗，老板也不例外。如果你没有机会或能力给老板化解出糗的尴尬，那就保持对他的一份尊重。

洗手间遇到领导聊什么

　　职场中，我们经常会和领导发生一些意想不到的邂逅，这些场合不是在公司或其他工作场合，而是在一些和工作无关的特殊地点。每当这时，我们都会倍感尴尬，不知道如何跟领导打招呼和闲聊。比如你在去卫生间的时候，突然发现领导在里面，你总不会对领导说："领导，您也在？"

　　如果你是一个不善言谈的人，你可以简单地向领导打个招呼，比如："领导，上午好！""领导，今天天气不错啊！"这时领导也会给你点一下头，这种尴尬立即就化解了。如果你连和领导打招呼的勇气也没有，你可以拿起手机，装着通电话的样子，很着急地说道："好的，我马上过来处理！"说完就转身离开，这样就能避免在卫生间与领导正面接触，领导也不会怪你看到他不打招呼。

　　但是，一个聪明的员工如果在卫生间碰到领导，往往会顺势争取和领导沟通的机会。严格地说，职场的卫生间也是工作场所的一部分。如果你正好有事情向领导汇报，就可以在这里和他约一下时间。这样一来，不仅可以避免无话可聊的尴尬，还会让领导意识到你对待工作的勤奋和专注，就连上卫生间也在考虑工作：

> 小李：张总，我正准备找您请示一下这个月预算的事情，您上午有空吗？
>
> 张总：可以，十分钟后来办公室找我。

如果在办公之外的其他公共场合突然见到领导，这时更没必要感到尴尬，而是要主动和领导打招呼。并热情地向同行的人介绍领导的身份，表达出对领导的尊重。比如你在陪老婆一起逛街时，刚好遇到领导和他的老婆一起逛街，除了要向你的老婆介绍领导的身份，还要不失时机地在领导老婆面前赞美领导几句：

> 小李：老婆，这是我们张总，平时多亏他对我的照顾和帮助，才让我工作起来得心应手。
>
> 张总：哈哈，小李言重了，你表现优秀主要是因为你能力出众。

如果你在吃早餐时遇到领导也在里面吃早餐，你一定不要逃避，或者远离领导入座。而是要大大方方地坐在领导旁边，抓住这个机会和他闲聊几句。你可以夸奖一下领导的口味，给他营养方面的一些建议。在这个场景中，并没有所谓的上下级之分，领导来这里也只是一名吃饭的顾客。假如你刻意回避，反而有失礼数。

街头认错人怎么化解尴尬

在公共场所认错人是我们经常遇到的糗事。看到一道熟悉的背影，你兴冲冲地跑过去，想给对方一个惊喜，在他的肩膀轻轻拍了一下，等他回过头，才发现是一张陌生诧异的面孔。遇到这种尴尬情况，我们可以通过一些机智礼貌的方式进行化解。首先，你必须要向对方诚恳道歉，表示自己只是认错人了，并无其他恶意，从而赢得对方的原谅：

> 小李：十分抱歉，是我认错人了，不过您长得和我同学实在太像了。
>
> 路人：没关系，我就是长了一张大众脸，哈哈。
>
> 小李：没有没有，您穿这件衣服，比我同学有气质得多。

取得对方的谅解之后，再顺势赞美对方几句，会让对方心里感到更舒服。当然，你还可以顺势转移话题，询问对方这条街上有哪家店铺在打折等等，以这种自然和谐的方式结束这次小意外。

如果你足够幽默，在对方感到惊诧的时候，还可以尝试用幽默的语言化解这种尴尬和紧张的气氛，但一定要注意说话的语气，不能幽默过头，让对方感到更不适：

小李：非常抱歉，打扰你了，我认错人了。

路人：没关系。

小李：一日不见如隔三秋，可能是我太想念我那朋友了。

当你道歉之后，发现对方不愿意和你继续闲聊下去，或者场面还是比较尴尬，你可以礼貌地说一声"再见"并快速离开。毕竟，在这种陌生人之间突如其来的"遭遇战"中，你有必要尊重对方的感受和私人空间。

虽然生活中难免认错人，但毕竟不是一件好事。你需要从这种尴尬的经历中自我反思，比如是不是因为最近工作太累，或者心理压力比较大导致注意力不集中。以后在公共场合和别人打招呼时，一定要仔细留意对方的特征，或者让自己打招呼的行为更稳重一些，避免类似的情况再次发生。

聊朋友糗事朋友突然出现怎么办

朋友聚会，难免会相互唠叨一些相互熟悉朋友的事情。只要你不是故意暴露别人的隐私，对别人的人身或名声造成伤害，朋友之间有些无伤大雅的糗事是可以作为谈资的。只不过，我们还是会遇到一些尴尬的情况，比如你正在和朋友聊另外一个朋友的糗事，这位朋友却突然出现在你们面前，你该如何化解这种尴尬呢？

小吴的一个女性朋友最近失恋了，内心非常痛苦。几天前的一个晚上，她喝醉酒，突然打了小吴的电话，把他当成自己的男朋友一顿劈头盖脸的臭骂。小吴虽然平白无故地当了一回出气筒，但他是一个善良和心胸宽广的人，没有把这事放在心上。这天小吴和这位女性朋友的闺蜜一起吃饭，小吴劝她的闺蜜多开导开导她，顺便就把她打电话骂自己的事情说了出来。恰好这时，这个朋友也出现了。来看小吴如何愉快地化解尴尬的：

朋友：小吴，我刚才听到了，你又在我闺蜜面前说我的坏话。

小吴：可不是吗，那天晚上我平白无故地挨了你一顿骂，我正向你闺蜜告状呢！

既然朋友的糗事不是什么丢人的事情，你的初衷又是为了给他提供帮助，或者指出他做得不对的地方，那么大大方方地承认你在别的朋友面前泄露这个"秘密"，对方也不会和你计较，只会一笑了之。既然是朋友，对方这点宽容的气量还是有的。

当然，也有气量狭小的朋友，很反感别人背后议论自己。如果你正在和其他人谈论他，他又刚巧出现的时候，你需要立即终止谈论，以自然友好的方式和他打招呼，表现出朋友见面非常高兴的神情。接着，你可以转移话题，比如聊最近的天气情况、热点新闻和大家的兴趣爱好：

> 朋友：好啊小张，你刚才又在说我什么坏话了？
>
> 小张：没有没有，我只是在询问你怎么还没有到？今天天气这么好，一会儿我们一起逛街吧。

如果事后朋友专门询问你是否在某人面前谈论过他的糗事，或者你从他的反应中感觉他知道了你对他的八卦，这时你最好郑重地向朋友道歉，并解释你当时八卦他的初衷。只有真诚和诚实的态度，才能让你们的友谊经得起考验。

当然，如果你是因为和朋友产生了误解和隔阂，才在其他朋友面前谈论他的糗事，希望别人帮助你们化解这些隔阂。那么我建议你下次遇到这种情况，不妨直接和当事人朋友直接沟通，这样做不仅避免了你背后议论朋友，可能会伤害他的感受，而且还更能恢复你和朋友良好的信任关系。

朋友的婚礼遇到前男友

前任相见，总是非常尴尬的事情，如果分手时闹得不愉快，江湖再见甚至有几分"仇人相见，分外眼红"的怨恨心态。但每个人的圈子就这么小，我们没法避免和前任偶遇的事情，特别是在你参加朋友婚礼时遇到前任，就会感到更加无所适从。

要化解婚礼上遇到前任的尴尬，我们必须分不同的情况和场景处理。如果你和前任分手后还保持着正常的联系，这时你们都是独自参加婚礼，完全就可以坐在一起叙叙旧，甚至开玩笑地重温一下曾经的甜蜜时光：

小王：你看新娘多漂亮啊。那时我经常幻想你披上婚纱的样子，一定比她更漂亮。

小周：确实遗憾，但愿来生我能披上你送我的婚纱。

这样的怀旧，这样的感慨虽然充满遗憾，但也是一种美好的体验，毕竟你们曾经有过一段幸福的时光。如果你们都还没重新恋爱，受到婚礼的感染，旧情复燃重归于好也不是不可能。

如果你和前任是和平分手，双方都还怀念对方，但这时你们都携带现任或其中一个人携带现任参加朋友的婚礼，那就要注意影响力和分寸了。毕竟让前任和现任在这种场合见面，都会在他们的内心掀起不同的波澜。你可以礼貌地和对方点点头，微微一笑，简单自然地打个招呼，然后再和对方保持距离。这样既体现了对前任的尊重，也是对你现在这段感情的保护。

来看另一种情况，如果你和前任分手时闹得鸡飞狗跳，直到现在也还记恨对方，不肯原谅对方的过错。在这种场合见面，虽然你觉得"仇人相见，分外眼红"，但一定要控制自己的情绪，不能在朋友的婚礼上失态或直接发生争吵。毕竟你的任何举动都会对在场的其他人造成影响。

在这种前提下，如果你和前任都是独自参加婚礼，前任又主动过来和你打招呼，你该怎么办呢？来看下面这段对话：

小王：好久不见，你还好吧？

小张：谢谢你的关心，我过得挺好的。

在客气地和前任打过招呼之后，你最好迅速地远离对方，避免婚礼进行时再次碰面的尴尬。当你看到婚礼上的幸福时刻，也不要触景生情。毕竟有些事情该放下还得放下，只有真正放下才能从头开始，下一次婚礼上那个幸福的主角才可能是你。

如果让你耿耿于怀的前任带着现任出现在朋友的婚礼上，首先你不要想着故意走过去和对方的现任一较高下，或者用言语刺激他们，不管他们表现得如何恩爱亲密，你都要彻底忽视他们。当然，如果前任要故意带着现任炫耀，这时你就可以适当反击了：

小王：好久不见，介绍一下，这是我的女朋友倩倩。

小张：嫂子挺漂亮啊，以后就麻烦你帮我把小王照顾好了。

既然前任对你不尊重，你也可以让前任吃你的软钉子，告诉对方你不是那么容易被伤害的。当然，这种情况下，你不宜和前任发生正面冲突，而是要尽量优雅而不失锋利地反击对方。

第九章

▶ 有求于人时如何优雅开口

本章精华 　世上无难事，只要会开口

在人际交往的舞台上，我们难免有求于人。而如何开口求人，则体现着一个人的修养与智慧。优雅开口，不仅能让我们的请求更容易被接受，而且能在彼此间架起一座尊重与理解的桥梁。

优雅开口，是尊重他人的体现。当我们向他人提出请求时，首先要考虑的是对方的感受。如果丝毫不顾及对方的处境，强行要求别人帮忙，那无疑是一种自私且无礼的行为。比如，在别人忙碌不堪时，不打招呼就提出繁琐的请求。这样的做法，只会让人产生反感，即便有能力帮忙，也可能因此拒绝。想要寻求帮助，就应该先以温和、诚恳的态度去询问对方是否方便，在不违背对方意愿的基础上，再传达自己的需求，让对方感受到我们的尊重。

优雅开口，也是智慧的彰显。有时候，直接生硬地提出要求，可能会让对方产生抵触情绪；换一种委婉、巧妙的说法，对方也许更容易接受。例如，先赞美对方的优点和能力，让对方在心理上得到满足，再提出请求，这时对方会更有动力去帮助我们。

在生活中，无论是求朋友帮忙，还是向同事寻求协助，或是向陌生人请教，都应巧用请求的智慧，让人与人之间的相处更加和谐美好。

向朋友求助时的巧妙表达

在纷繁复杂的生活中，我们总会遇到一些自己难以解决的问题，这时候，向朋友求助就成了一种必要的途径。然而，如何巧妙地表达自己的需求，既不冒犯朋友，又能得到有效的帮助，这其中蕴含着一定的艺术与技巧。

求助并非意味着自己软弱无能，而是一种智慧的体现。每个人都有自己的长处和短处，懂得在适当的时候向朋友寻求帮助，不仅能够解决问题，还能增进彼此之间的情谊。但如何开口，却是一门学问。

想象这样一个场景：小张在工作中遇到了一个棘手的项目，他苦思冥想了好几天，却始终找不到合适的解决方案。这时，他想到向好友小李求助。但小张也明白，直接开口可能会让小李觉得他能力不足。于是，他选择了这样一种方式：

小张：小李，我最近遇到一个特别有趣的项目挑战，我感觉我快要找到答案了，但我还想听听你的看法，你能不能帮我参谋一下？

小李：好啊，你说来听听。

巧妙求助的第二个要点是，要明确表达自己的需求和期望。很多人在求助时，往往含糊其辞，让对方摸不着头脑。这样做既浪费了时间，又可能让求助无果而终。正确的做法是，用简洁明了的语言，直接告诉对方自己的困难和需要的帮助。

比如，小张在向小李求助时，进一步明确了自己的需求：

小张：小李，我在这个项目的预算规划上遇到了困难，我尝试了几种方案，但都有些不尽如人意。你有没有什么好的建议，或者我们能不能一起讨论一下，看能不能找到更好的解决办法？

小李：刚好我完成了手上的项目，也许我的预算方案能给你一些参考。

巧妙求助的第三个要点是，给予对方基本的尊重和选择的空间。每个人都有自己的时间和精力，没有人有义务无条件地帮助我们。因此，在求助时，我们要充分尊重对方的选择，不要强求。

在和小李讨论项目时，小张说："小李，我知道你也很忙，如果你现在不方便，我们可以先各自想想，等有了想法再交流。如果你有其他的建议或者需要更多的时间来考虑，也完全没有问题。"这样的表达，让小李感受到了小张的尊重和理解，更加愿意在力所能及的范围内提供帮助。

在求助的过程中，我们还可以穿插一些轻松愉快的话题，来缓解紧张的气氛。比如，小张在和小李讨论项目的同时，也会谈论一些他们共同感兴趣的话题，如最近的热门电影、喜欢的书籍等。这样不仅让求助变得更加自然和愉快，还有助于加深彼此之间的了解和友谊。

巧妙求助不仅是一种解决问题的方式，更是大智慧和高情商的体现。它要求我们在表达自己的需求时，既明确又尊重，既直接又婉转。只有这样，我们才能在遇到困难时，得到朋友们的无私帮助，同时也不伤害彼此之间的情谊。在这个过程中，我们也会逐渐学会如何更加成熟、理智地处理人际关系，让我们的生活变得更加和谐与美好。

用亲情的温暖软化请求

在人生的长河中，亲人是永远的避风港。他们的爱与支持，像冬日里的暖阳，能驱散我们内心的阴霾。然而，即便与亲人之间的关系再亲密无间，求助也是一件需要技巧的事情。如何自然地向亲人求助，用亲情的温暖来软化请求，是我们都需要掌握的智慧。

当我们决定向亲人求助时，原因至关重要。只有明确且合理的动机，才能让亲人理解并愿意伸出援手。比如，小周在筹备一场重要的创业比赛时，时间紧迫，任务繁重，自己感到力不从心。但他也深知不能盲目地求助，于是认真梳理了自己的困难，思考亲人可能在哪些方面给予帮助。小周发现自己在项目策划和文案撰写方面缺乏经验，而他的表哥在这两方面都做得非常出色：

小周：哥，我最近在忙创业比赛，可撰写项目策划和文案把我难住了，我需要你的专业指导。

表哥：小事情，没问题。

优雅求助的方式也大有讲究。在向亲人求助时，要保持真诚和谦逊。不要将求助变成一种理所当然的命令，更不能因为亲人的忙碌或拒绝而心生怨怼。尤其在向长辈提出帮助请求时，更需要保持足够的尊重和谦逊：

小李：爷爷，我最近在看一本古典名著，很多地方我都不太懂，想麻烦您给我讲讲，可以吗？

爷爷：你这么喜欢古典文学，我非常开心。来，我们可以一起探讨。

如果小李一开始就理直气壮地要求爷爷给他讲解，说不定爷爷会觉得自己不被尊重而拒绝。

除了原因和方式，恰当的话术也能让求助更加顺利。在向亲人求助时，可以用一些温暖、感恩的话语来开头，让亲人感受到你的尊重和爱意。不久前小张需要弟弟帮自己搬家时，她先抱住了弟弟，说："弟，这段时间你特别辛苦，我都看在眼里。但你能不能再帮我个忙，我马上搬家，有些东西搬起来太费劲了，有你帮忙我就安心多了。"弟弟听后，不仅没有拒绝，还不停地安慰小张："姐，你不用愁，这算啥，我一定帮你搬好。"这样的表达，让弟弟感受到了她的关心和信任，也让弟弟更愿意帮助小张。

巧妙地用亲情的温暖软化请求，需要我们在适当的时候，以恰当的方式，用得体的话术向亲人求助。我们既要让亲人清楚地了解我们的困境和需要，又要时刻尊重他们的感受。同时，我们也要明白，亲人之间的帮助是一种相互的付出，不能只考虑自己的需求而忽略了亲人。

当我们虚心地向亲人求助时，我们传递出的是一种信任和依赖，也是对亲情的珍视和感恩。亲情是世间最温暖、最无私的情感，让我们用智慧和爱，与亲人一起携手解决生活中的难题，让亲情在互助中愈发深厚、坚韧。

职场上请求协助的专业态度

在职场这个充满挑战与机遇的舞台上，我们时常会面临各种复杂的工作任务和个人难题。尽管我们会全力以赴，但有时仍难以凭借一己之力解决问题。在这种情况下，向他人求助就成为了一种必要的选择。然而，如何以优雅且专业的方式提出请求，不仅关乎个人形象，更影响着团队协作的效果。本文将深入探讨如何在职场中优雅求助，展现你的专业态度与沟通智慧。

第一，明确求助的原因，奠定沟通基石。在向他人寻求帮助之前，必须清晰明确地认识到自己求助的原因。这不仅有助于你准确地表达需求，还能让对方深切地了解此次求助的重要性和紧迫性，从而更愿意伸出援手：

> 小李：小张，我这边有个紧急项目，数据统计分析的工作量实在太大，而且时间非常紧迫。这个项目对我们团队至关重要，如果不能按时完成，将会面临很严重的后果。我知道你在这方面经验丰富，能不能帮我分担一部分？
>
> 小张：具体是什么情况？你说说看。

第二，选择合适的方式，确保信息有效传递。求助的方式多种多样，选择合适的方式至关重要。它直接影响着信息的传递效果和对方对你的第一印象。根据情况的紧急程度和对方的可用时间，果断选择最适合的沟通方式：

> 小张（邮件主题：关于紧急项目协助请求）："亲爱的李经理，您好。我正在负责一个对公司业绩有着关键影响的重要项目，在数据处理和分析这一块遇到了难以解决的问题。您在数据分析领域有着深厚的专业经验和卓越的见解，不知您是否有空协助我进行这部分工作？如有需要，我可随时向您当面详细汇报，期待您的回复。"
>
> 李经理（邮件回复）："收到，我稍后会查看你提供的数据，咱们再具体沟通细节。"

第三，运用恰当的话术，展现尊重与诚意。在提出求助时，运用恰当的话术至关重要。既要表达出对对方的充分尊重，承认他们的专业能力和价值，又要展现出自己的诚恳和感激，让对方感受到你的真诚：

> 小张：小王，真的很对不起又来麻烦你。上次你帮我解决的那个棘手问题，对我来说犹如雪中送炭。这次我又碰到了一个难题，还是想请你帮忙看看。我知道你工作也很忙，但真的非常信任你的能力。如果方便的话，能否抽出几分钟宝贵的时间和我一起讨论一下？
>
> 小王：客气什么，咱们都是同事，互相帮助是应该的。你有什么问题尽管说，我们一起想办法解决。

优雅求助不仅是一种技巧，更是一种职场素养。通过明确求助原因、选择合适方式以及运用恰当话术，我们能够在职场中更好地赢得他人的支持与帮助。

社交场合的礼貌求援

在社交场所中，我们常常会遇到一些自己难以解决的问题，需要向他人寻求帮助。然而，在这个相对自由、多元的环境中，如何优雅地求助，既满足自己的需求又不失礼节，是需要我们认真思考和掌握的艺术。

优雅求助的首要原因是基于对他人的尊重。社交场所汇聚了来自不同背景、性格各异的人，每个人都有自己的独立空间和行动自由。我们不能因为自己的需求就随意打搅他人，而是要以一种体贴、尊重的方式提出请求，让对方在感到舒适的情况下自愿伸出援手。

方式上，要根据不同的情况和对象选择合适的方法。如果在相对安静的社交环境中，比如图书馆的交流区或者艺术展览的休息区，可以选择轻声细语地沟通，避免影响他人。而在较为热闹的派对或者聚会场合，声音可以稍大一些，但也要注意语调要保持平和、友好。

话术的选择同样重要。语言是表达意图的工具，恰当的话术能够让我们的求助更具亲和力和说服力。真诚、简洁、有礼貌的话语是关键。

比如，在一个朋友组织的野餐聚会上，小张发现饮料不够喝了，又不太方便自己补充：

> 小张：嘿，小李，你看我们这里的饮料不太够了，你能不能帮我问问其他人愿不愿意帮忙去买一些？
>
> 小李：没问题呀！我去问问大家。

再比如，在国际交流会议上，小张在向一位外国友人介绍自己的项目，但是遇到了一些语言表达上的困难：

小张：先生，我非常敬佩您的语言能力。我刚才介绍项目时，担心有些地方表述不够准确，您能不能帮我指正一下？

外国友人：当然可以，我很乐意帮忙。

除了言语上的表达，身体语言也不容忽视。微笑、眼神交流、微微弯腰等动作可以传递出我们真诚友善的态度，使求助更具亲和力。

在社交场所优雅求助，我们还要有耐心和感恩之心。耐心等待对方的回应，即使被拒绝也要礼貌地接受；感恩他人的帮助，及时表达自己的谢意。

总之，社交场所的礼貌求助体现了一个人的修养和魅力。通过合理的方式、恰当的话术以及良好的体态，我们能够在这个多元交融的环境中优雅地获取帮助，同时也在无形中提升了自身的社交品质。

对上级领导提出请求的技巧

在职场中，我们难免会遇到需要向上级领导提出请求的情况。如何顺利地寻求领导的帮助，既能够有效解决问题，又能维护良好的上下级关系，是一门值得探究的艺术。掌握以下技巧，或许能让你的求助事半功倍。

第一，选择合适的时机，尊重领导的工作安排。选择恰当的时机向上级领导求助至关重要。领导的工作繁忙且责任重大，我们必须避免在他们全身心投入工作或在紧急应对突发情况时去打扰。当领导处于相对轻松、时间较为充裕的阶段，他们更有可能耐心倾听并考虑我们的请求：

下属：张总，您现在方便吗？我观察到咱们近期的××项目进度在某个环节上有些停滞不前，我经过思考，认为可能需要借助外部资源来突破这个瓶颈。想和您探讨一下我的想法。

领导：嗯，现在有空，你有什么事就说吧。

第二，清晰阐述原因，展现对问题的深入分析。在提出请求时，要清晰明了地说明原因。领导需要了解背后的缘由，经过考量后才能判断是否给予支持。原因阐述要具体、客观，不能含糊其辞：

> **下属**：张总，关于咱们××项目的推进，目前我们在数据收集方面遇到了困难。主要原因是原计划的渠道出现了数据偏差，无法满足我们的分析需求。经过我进一步的市场调研，发现可以通过与另一家专业数据机构合作来获取更准确的数据。

> **领导**：具体是怎么回事，你详细说说

> **下属**：是这样的，我们之前合作的数据机构在这次的数据筛选上出现了部分偏差，导致我们后续的分析工作无法准确开展。而另外一家机构，他们的数据库更加全面，数据更新也更及时，能够为我们的项目提供有力支持。并且，他们有类似项目的数据收集经验，能确保数据的有效性。所以，我希望能征得您的批准，与这家机构合作。

第三，提出具体的建议和解决方案，体现自身的能力。除了阐述原因，还应提出具体的建议和解决方案，让领导清楚明白你的思路和打算。这不仅能体现你对工作的认真负责，还能展示你的专业能力和解决问题的能力：

下属：张总，针对数据收集困难的问题，我初步联系了一家专业的数据机构。他们表示可以按照我们的需求和标准，在一周内完成数据收集，并且价格也在我们的预算范围内。我已经和他们团队沟通好了，后续我会全程对接，确保数据的质量和交付进度。您看是否可以批准？

领导：嗯，听起来不错。你考虑得很周全，我会考虑的。

下属：谢谢张总，我会随时跟进并定期向您汇报进度的。

向上级领导求助，需要我们把握合适的时机，清晰阐述原因，提出具体的建议。这样，我们的请求不仅能得到认真对待，还能赢得领导的信任和支持，让我们在工作中更好地前进。

向专业人士求助时的专业沟通

在生活和工作中，我们难免会遇到各种棘手的问题，这时候向专业人士求助就显得尤为重要。然而，如何与专业人士进行有效沟通，以便更好地获得帮助，却是一门值得深究的学问。以下是一些关于如何向专业人士求助的技巧，以及在不同场景下的具体应用。

第一，明确求助目的，做好充分准备。在向专业人士求助之前，我们首先要明确自己的求助目的。只有清晰地知道自己想要什么，才能更有效地与对方沟通。同时，我们还要做好充分的准备，包括收集相关资料、整理问题清单等，以便在求助过程中能够迅速定位问题，提高沟通效率：

> 求助者：张老师，我想请教您一个问题，我最近研究的项目，在数据分析上遇到了一些困难。

> 专业人士：好的，请具体说说你遇到的问题是什么？你目前都尝试了哪些解决方法？

第二，用简洁明了的语言描述问题。在与专业人士沟通时，我们要用简洁明了的语言描述问题，避免冗长和复杂的表述。这样不仅能让对方更快地理解问题，还能体现出我们的专业素养和沟通能力：

> 求助者：王医生，我最近总是感觉头晕，不知道是什么原因。

> 专业人士：这种情况持续多久了？有没有伴随其他症状，如恶心、呕吐等？

第三，保持谦逊和尊重，倾听对方的意见。向专业人士求助时，我们要保持谦逊和尊重的态度。即使我们对自己的问题有一定的了解，也要虚心听取对方的意见。同时，我们还要学会倾听，给予对方充分的时间来回答问题，不要急于打断或反驳：

> 求助者：李专家，我对您提出的这个解决方案有些不解，能否再详细解释一下？

> 专业人士：当然可以。这个方案主要是基于……的考虑，具体来说……

第四，提供足够的信息，以便对方更好地理解问题。在向专业人士求助时，我们要尽可能提供详细的信息，包括问题的背景、相关的数据和资料等。这样，对方才能更准确地把握问题的本质，给出更有针对性的建议。

第五，及时反馈与感谢。在得到专业人士的帮助后，我们要及时反馈结果，并表达感谢。这不仅是对对方专业知识的尊重，也是维护良好人际关系的重要一环。

总之，向专业人士求助时，我们要注意沟通技巧，用简洁明了的语言描述问题，保持谦逊和尊重的态度，倾听对方的意见，提供足够的信息以便对方更好地理解问题，并及时反馈与感谢。这样，我们才能更有效地获得专业人士的帮助，解决问题、提升自己。

掌握这些技巧，无论我们遇到什么问题，都能更加自信、从容地与专业人士沟通，从而获得更好的帮助和支持。

在公共平台上寻求帮助的话术

在信息飞速流转的今天，公共平台成为了我们寻求帮助的重要窗口。掌握在公共平台上求助的技巧，能让我们的问题更有可能得到及时有效的解决。下面就来分享一些实用的求助技巧。

第一，精准定位与详细描述，让求助信息有的放矢。在公共平台发出求助的第一步，就是精准定位问题和提供详细描述。原因很简单，公共平台上信息繁杂，人们没有时间去猜我们到底在说什么。只有将问题明确表述，才能吸引到真正有能力帮助我们的人。

比如，我们想询问关于旅游攻略的问题，不要只说"旅游攻略不会做"，而要说"计划去杭州旅游，预算有限，喜欢历史文化景点，求3—5天的详细旅游攻略，包括住宿、交通、景点推荐和餐饮建议"：

求助者： 我在找杭州的旅游攻略，预算不高，喜欢逛景点，麻烦给我支支招。

回复者： 能不能再具体说下行程安排，比如想去几天，预算大概多少，有没有特别感兴趣的景点类型呀？

第二，选择合适平台与标签，提升曝光机会。不同的公共平台有各自的侧重点。比如，知乎适合寻求专业知识解答，豆瓣适合文化、娱乐方面的交流，而购物类平台适合询问产品相关问题。选择对的平台发布求助，能让你的信息被更多目标人群看到。同时，利用关键词和标签能让你的求助在平台搜索结果中更靠前。比如发布关于摄影技巧的求助，可带上"摄影技巧""新手入门"等热门标签：

求助者：我想发个关于摄影技巧的求助，但不太清楚放哪个平台好。

朋友：你可以去摄影类社区或者社交媒体平台的摄影群组发呀，比如蜂鸟网、图虫网，或者在微博带上摄影话题。另外，记得用上"摄影技巧""新手"这样的标签，这样更容易被有经验的人发现。

第三，礼貌诚恳与互动跟进，赢得他人支持。在公共平台上求助，礼貌诚恳的态度至关重要。使用礼貌用语，如"您好""请""谢谢"，能在第一时间给他人留下好印象。而且，在有人回复后，要及时互动跟进，表达感谢。如果对方提供的答案没能完全解决你的问题，也可以礼貌地继续追问：

求助者：您好，我最近写论文遇到了难题，在文献综述部分找不到相关资料，能帮帮我吗？谢谢啦！

回复者：帮你看看……给你查到这些论文，你可以参考参考。

求助者：太感谢啦！还有一部分资料不太符合要求，您能不能再给些建议呀？

总之，在公共平台求助时，我们要精准描述问题、选对平台标签，展现出我们的礼貌诚恳，这样，我们就能在求助之路上更加顺畅，提高获得帮助的概率。

如何向陌生人优雅求助

在生活的旅途中，我们难免会遇到需要向陌生人求助的情况。然而，向陌生人开口寻求帮助并非易事，如何得体且有效地求助，是一门值得探讨的社交艺术。

首先，要让求助的时机恰到好处。当陌生人正处于忙碌、烦躁或者注意力高度集中的状态时，贸然求助可能会引起反感。比如在地铁站，一位年轻人正全神贯注地看着手机上的重要资讯，这时若强行打断他询问附近的餐厅位置，显然不太合适。此时可以参考下面的对话：

> 小张：不好意思，我看您正忙着呢，等您有空的时候能不能和我说一下这附近有什么好吃的餐厅呀？

> 陌生人：没事，前面第三家味道就不错。

其次，礼貌和真诚是求助的基石。无论何时，都要保持良好的态度，用温和、亲切的语气与对方交流。比如我们在公园迷路了，看到一位带着孩子的阿姨，便走上前去求助：

> 小张：阿姨，您好！我和朋友约好在春晓亭碰面，周围我不太熟悉，能不能麻烦您给我指点一下应该往哪个方向走呀？真的是太辛苦您了。

> 阿姨：太客气了，正好我陪孩子玩儿顺路，我带你过去吧。

再者，给予对方合理的回报或感谢的承诺，能让对方更愿意伸出援手。比如我们想请一位陌生人帮忙把一个沉重的包裹送到某个办公室，可以这样说："大哥，真是不好意思麻烦您。这个包裹对我很重要，我想把它送到那边的办公室。等我回来，如果您还没走的话，我请您喝杯咖啡作为感谢，可以吗？"或者用其他合适的方式表达你的心意，比如送对方一个小纪念品等。

当求助遇到拒绝时，也要保持友好。不要强行纠缠或者表现出不悦，而是要理解对方的立场，并友好地结束对话。比如我们向一位过路人询问某个景点的开放时间，路人表示不清楚。我们可以回复："没关系，可能是我运气不太好。真的很感谢您抽出时间回答我，祝您生活愉快！"这样的回应能让对方感受到我们的豁达与善意。

此外，在得到帮助后，一定要及时、真诚地表达我们的感激之情。一句简单的"谢谢"或许显得过于平淡，如果能加上具体的描述和真诚的语气，就更会让对方感受到我们的诚意。比如在得到帮忙后，我们可以说："太感谢您啦！如果没有您的热心帮忙，我可能真的会不知所措。您的这份善意我会永远记在心里的，再次谢谢您！"

向陌生人求助，需要把握好时机，保持礼貌和真诚，给予合理的回报或感谢，得体地应对拒绝，并及时表达感激。这样不仅能增加求助成功的几率，还能让我们在人际交往中给对方留下良好的印象。运用这些技巧，我们就能在遇到困难时，以优雅的姿态向陌生人求助，收获帮助的同时，也展现自己的修养与魅力。

第十章
▶ 不做杠精

本章精华　　讲原则不是做"杠精"

"杠精"，顾名思义就是抬杠成精的人，主要是指那些喜欢通过抬杠来获取快感的人。他们不管自己是否占理，总喜欢和别人唱反调。他们没有立场，专门对人不对事，只要你认为对的，他们就觉得是错的，你觉得是错的，他们就坚持是对的。

虽然"杠精"这个词是今天才出现的网络词语，但自古以来"杠精"一直都存在。两千多年前，"杠精"有一个另外的名字——"诡辩家"。战国时期的诡辩家邓析，堪称是"杠精"鼻祖。擅长辩论的邓析为"杠精"们创造了抬杠的方法，那就是"操两可之说，设无穷之词"。可惜的是，这位"杠精"鼻祖最后还是因为抬杠被杀了。后来，邓析的诡辩术又有了公孙龙、惠子这些继承人，他们奉行"以非为是，以是为非，是非无度"的抬杠精神，为今天的"杠精"们树立了负面的"榜样"。

在职场和生活中，"杠精"的危害性显而易见，既容易伤害人与人的感情，还会四处树敌。他们传播错误的逻辑，破坏社交环境，最终会阻碍自己成长。所以，我们可以坚持原则，但不要做"杠精"，也要远离"杠精"。

不要轻易和领导抬杠

不做职场"杠精"，首先要牢记的就是不要和领导抬杠。有些下属自以为自己占理，不管领导提出什么意见，只要和自己的想法不同，就会一杠到底。有些下属明明没有任何道理，却总会毫无原因地否定领导的想法。殊不知，这些都犯了职场最大的忌讳。首先，和领导抬杠是对领导的不尊重，不管你是想要通过抬杠来自我肯定，还是故意挑领导的刺来满足自己内心的快感，都会让领导没面子。其次，这种和领导之间的无谓抬杠，会导致上下级之间无法正常沟通，影响工作效率。第三，你在领导面前无理取闹，不仅有损你的职业形象，还会导致领导对你的反感和排斥，最后影响你的职业生涯。来看下面这段对话：

领导：同志们，这个月我们争取业绩翻番，大家有没有信心。

小明：领导别画饼了，根本不可能完成。

领导：理由呢？

小明：还需要理由吗？这不是明摆着的吗？

　　既然你认为领导提出的目标不能完成，就需要拿出充足的理由和证据说服领导，不能用一句"不需要理由"就否定领导的意见。再来看"杠精"怼领导的一幕：

领导：不管你处在哪个岗位，工作中都要有团队意识。

小明：领导，你能把你的工资分一点给我吗？

　　领导说的团队意识是要求下属要有大局观，做事不要单打独斗，需要团队协作，才能事半功倍。但"杠精"的理解不一样，认为团队意识就是要无偿地帮别人做事。其实，"杠精"并非不懂得团队意识的真正含义，只是他们故意抬杠，歪曲事实，以此作为抬杠的依据。

　　职场中还有一些人，他们不是真正的"杠精"，但性格固执，做事偏激，喜欢坚持自己的观点，不管自己的观点是否正确，就是想要和领导掰手腕。这种人喜欢活在自己的世界，缺乏沟通技巧，拒绝接受别人的建议。一旦领导否决他的意见，就会变得情绪失控：

小明：领导，我认为经销商会议非举办不可，因为再不召集他们开会，他们的积极性很快就磨光了。

领导：可是有几个大经销商正在国外，这个时间回不来啊！

小明：那是他们的问题。真的想回来，他们可以包机嘛。

　　小明建议召开经销商会议的初衷也许是好的，但既然有经销商没法参加会议，完全可以将会议时间往后挪挪。但小明让经销商包机回国，明显就是怼领导。试想，如果你是领导，这时会作何感想？你肯定恨不得立即让小明到人事部办理离职手续了。

　　所以，在领导面前，不管你是不是"杠精"，不管你有没有理，都不要和领导抬杠。良好的沟通技巧才能解决工作中的问题，谦虚的态度才能赢得别人的尊重。

识破"杠精"的灵魂诡辩法

要想战胜"杠精",我们就得了解"杠精"抬杠的逻辑和方式。对于诡辩,德国哲学家黑格尔是这么看的:"诡辩这个词专指用任何手段,依靠虚假的理由,或者否定一个真理,或者将一个并不成立的道理说得十分动听,就像真理一样。"所以,虽然抬杠方法有着一些细微的差别,但本质上都是在维护谬论,攻击真理。通常来说,"杠精"们常用的方式有以下几种:

第一,偷换概念。"杠精"善于利用对方词句上的歧义来歪曲论据。中国的文字总是博大精深,同一句话不同的人理解起来就会有差异。"杠精"很善于在这方面"咬文嚼字",怼得你无言以对:

小强:哎,你这次买的米一点都不好,熬粥不黏。

"杠精":你想要黏吗?502 就很黏,你为什么不去挖一勺呢?

第二,"杠精"在抬杠的时候,经常东拉西扯,转移话题,把两件完全不相干的事情生搬硬套地相提并论,这就是"杠精"的"红鲱鱼谬误"[1]。来看下面这段抬杠:

---

[1] 红鲱鱼谬误是一种逻辑谬误,其核心在于通过引入一个不相关的话题、蓄意的"文不对题",以转移讨论的焦点,从而赢得论战或辩论。——编者注

> **小强**：我想收养一只流浪猫，它们太可怜了。

> **"杠精"**：你有这份善心，为什么不去福利院照顾孤寡老人呢？

第三，"杠精"还有一个高明之处，就是喜欢故意歪曲对方的原意，让对方失去正当的理由，从而进行大肆攻击。比如有人认为，为了避免不必要的误会，恋爱中的人就应该和异性保持合适的距离。这时"杠精"就会反驳他："照你的观点，谈恋爱的人就不能和异性讲话了吗？"很显然，"和异性保持距离"与"和异性讲话"完全是两回事，根本不能混为一谈。

第四，"杠精"为了保持自己的气势，经常回避一件事的因果关系，对别人进行人身攻击，通过批评和诋毁对方的人品来反驳对方。比如有人在职场中被同事排挤，他就会说："你们公司那么多人，他不排挤别人就只排挤你，肯定是你做了不利于团结的事情。"

第五，"杠精"还会滥用因果关系，来扰乱你的认知。面对一件本来非常简单的事情，他会使用一连串的因果关系证明一个荒谬的结论。比如有人认为，不要给孩子太大压力，成绩不是孩子是否优秀的唯一标准。他就会抛出连环因果论："孩子成绩不好就考不上高中，考不上高中就考不上大学，考不上大学就找不到工作，找不到工作就只能去扫大街了。"

第六，有些"杠精"会使用"假两难理论"，在面对一个可能是因为多个原因造成的结果时，他会先入为主地预设两个情况。比如有人遭受了网暴，却想低调处理，他就会质疑和反驳你："你不愿意公开澄清，说明你心虚。"

第七，"杠精"还会借力打力，善于利用公众的看法来支撑自己的观点，而不管公众的看法是不是正确的。比如面对一个还没有被证实的公共事件时，他就会说："现在朋友圈都传疯了，这件事肯定实锤了！"

既然是"杠精"，他们抬杠的方式肯定不止以上几种，而是千奇百怪，让人叹为观止。但不管他们的手段多么高明，诡辩多么精妙，只要我们坚持事实，坚持真理，就不会陷入他们用语言设下的陷阱中。

遇到学术型"杠精"一笑而过

"杠精"的鼻祖和先辈——那些古代的诡辩家们——几乎都是学识渊博，能言善辩的高手。他们和别人抬杠起来，善于旁征博引，采用相似的典故、充足的事实，再通过华丽的语言将他们毫无逻辑的观点包装得条理清晰，让对手哑口无言无法辩驳。这些诡辩家，可以称为学术型"杠精"。

今天有些"杠精"，完美地继承了古代诡辩家抬杠的这些"优良传统"，总喜欢引经据典来支持自己的理论，让你在他们面前显得孤陋寡闻，让你自惭形秽：

小周：胖也是一种美，只要身体健康就行。

王哥：小周，你说得不对。科学家早就证实，肥胖容易导致糖尿病、高血脂、内分泌失调，所以胖的人根本就不会健康。

小周：唐朝为什么要以胖为美呢？

王哥：一个历史学家早就说过，唐朝因为经济繁荣，老百姓不愁吃穿，所以女人很少干苦力活，导致女性整体偏胖。所以那个时代的人才会自欺欺人以胖为美。

小周：……

你不得不承认，在学术型"杠精"面前，你必须佩服他们学富五车，上知天文下知地理，你只能仰望他们引经据典的能力。而且他们在为自己

寻找"学术证据"时往往都会偷换概念，转移话题，让你猝不及防，如果这个时候你不知天高地厚和他们比拼学识，最终只会一败涂地。

那么，如果你不幸遭遇这种学术型"杠精"，该怎么应对呢？

> 小周：我认为小孩子就应该放养，多让他们感受童年的乐趣。

> 王哥：小周，你这样做会害了孩子。有一项数据表明，美国的青少年犯罪，有 40% 就是因为孩子小时候缺乏管教造成的。

> 小周：放养不等于不管教啊。

> 王哥：你真不知道啊，放养的孩子自律性很差，会变得更自我，而且还有很多安全问题。

> 小周：好吧，受教了。

在这个场景中，如果小周要继续和王哥争辩放养这个问题，她面对的这个"杠精"也许还会列举一箩筐的新闻、数据和专家观点来抬杠。而且我们不难发现，对方抬杠的原则就是：只是片面揪住了放养的危害，完全忽视了放养的积极性。这时最好的办法就是内心坚持自己的看法，对于对方的抬杠一笑而过。

其实，很多时候观点都没有对错，只有是不是符合自己实际情况的区别，既然如此，你何必要为别人的看法让自己不愉快呢？当你无法说服"杠精"的时候，在心里否认对方看法就行了，没必要和他们一直杠下去，用自己的不悦满足他们的快感。

如何面对"杠精"的"受害者有罪论"

前面讨论"杠精"抬杠的方式时，我们提到"杠精"最喜欢运用的一种逻辑就是"受害者有罪论"。面对一个受害者，他们总是凭借自己的主观臆断，将受害者的不幸遭遇归咎于受害者自己的责任。现在网络上的很多"杠精"不就是这样吗？一对原本要好的朋友因为一点小事发生了冲突，他们就会说："一定是×××做了对不起朋友的事情！""一个人如果不是走投无路怎么会做过激的事情呢？"要知道，这种受害者有罪论的观点充满了巨大的危害性，它很容易混淆是非，让受害者遭受二次伤害。

来看下面这段受害者有罪论的抬杠场景：

小明：我听说隔壁公司的女孩昨晚加班回家路上差点被流氓侵犯了。

"杠精"：哎，她每天穿着超短裙上班，活该被侵犯。

在"杠精"的认知里，公共场所如果出现性骚扰或侵犯女性的行为，原因就是受害者穿着太暴露了，受害者长得太性感了，这才形成了犯罪的诱因。难道女性就不能打扮自己吗？难道女人长得太美也是一种错？

所以，当我们分析这种受害者有罪论"杠精"的心态就会发现，他们内心其实是有正确的是非观，知道事情的对错该如何分辨。但他们就是想要标新立异和哗众取宠，才故意扭曲事情的因果关系，给受害者扣上有罪的帽子。当我们面对这种类型"杠精"时，就不要有丝毫心软，义正词严地反驳他们，以维护受害者的名声和权利，捍卫法律和道德的尊严：

小明：我听说主管的儿子被几个高年级的同学欺负了，这种校园霸凌太令人气愤了。

"杠精"：不意外啊，他儿子平时性格孤僻，不被霸凌才怪。

小明：你这话就不对了，谁说孤僻的孩子就应该被欺负呢？如果换成是你的孩子，你接受吗？

"杠精"：……

面对"杠精"的"受害者有罪论"，最好方法就是让他换位思考地看待问题，如果同样的不幸降临在他的头上，他还会这样自以为是、高高在上地站在所谓道德的制高点来为受害者推断责任吗？

主动出击抬高"杠精"

现代行为学创始人康·洛伦茨在其著作《论侵犯性》中谈道："人类的好斗性是一种真正的无意识本能。这种好斗性也可以称为侵犯性，隐藏着它独特的释放机制，它与性欲及其他人类的本能差不多，会给人类带来特殊的、非常强烈的快感。"

借鉴康·洛伦茨的观点，"杠精"行为就是人类好斗性的一种体现。"杠精"就喜欢通过诡辩的思维和胡搅蛮缠的对话来追求抬杠的快感。所以，我们在面对"杠精"时，不要试图与他们讲道理，因为他们随时都会拿"个体代表整体""极端代表普遍""小众代表大众""无知就是无畏"的态度跟你纠缠，企图把你的思维认知降低到他们的水平线上，最后再依靠熟练的诡辩技巧把你击败。

要想击败"杠精"，我们就不能掉入"杠精"的逻辑陷阱，与其被动被杠，在被对方抓住小辫子之前，不如利用"杠精"喜欢通过贬低别人来抬高自己的本质，主动出击地抬高"杠精"的认知和优越感，从而给他致命一击，让他从自己喜欢的高处重重地摔下来。

来看下面这个反击"杠精"的场景：

小娟：张姐不好意思，周末不能陪你去逛街了，我报名参加了夜校。

张姐：你都快三十岁了，上夜校有用吗？简直是浪费时间！

小娟：是啊，我也觉得没有用。但如果我现在像你这么优秀，就不会去浪费那些时间了。

张姐：哎，上夜校也并非完全无用，我们下次再约吧。

在这个场景中，如果小娟不采取主动出击抬高对方的方式，就会陷入和对方关于夜校是否有作用的辩论之中。但她主动降低自己的身份来体现对方的优越感，让对方也不忍心再和她抬杠了。

再来看一个主动出击反击"杠精"的场景：

小娟：明天我去拜见王总，张姐，请你建议一下我该穿哪套衣服呢？

张姐：你又不是去相亲，讲究这么多干什么？

小娟：对，对，在客户面前就应该学习张姐的沉稳和张弛有度。

张姐：其实啊，你昨天穿的那套黑色工装更合适一些。

这个场景里，小娟同样是运用了主动抬高对方的方式来避免了"拜访客户要不要穿合适的衣服"的争论。她给"杠精"贴上了一个成熟稳重的标签，"杠精"因为认同她对自己的赞扬，反而心甘情愿地给出了自己的建议。

人际交往中，我们本来就应该能屈能伸，在面对精力旺盛的"杠精"

时，主动示弱往往是最好的反击，因为用主动示弱抬高对方，可以获取"杠精"对你的好感，让她不忍心对你"言语霸凌"。要知道，同情所谓的"弱者"恰恰是"杠精"们最喜欢用来标榜自身的道德标签之一。

不要和战斗型"杠精"讲道理

在所有"杠精"中，战斗型"杠精"可能是最让人生畏的一种，因为战斗型"杠精"的偏执型人格特征十分突出，他们拥有强烈的胜负欲望，热衷于言语上占据上风。你对他们的反击和对抗就会像兴奋剂一样，让他们的快感更强烈。所以，面对战斗型"杠精"，我们千万不能与其硬杠，而是要避其锋芒，剑走偏锋，抓住对方的软肋出奇制胜。

要想做到这一点，首先就需要我们在面对战斗型"杠精"的挑逗时保持冷静的头脑和平稳的心态。战斗型"杠精"就像非洲草原上好斗的"平头哥"[1]一样，经常会主动激怒你，如此既可以扰乱你的心智，还能获得心理满足感。这种情况下，保持冷静就是保持你理性的思考和表达，避免伤敌一千自损八百。

如果你觉得战斗型"杠精"战斗力实在威猛，让你无法招架，最好的办法就是转移话题，让蓄势待发的"杠精"扑一个空。比如下面这个场景：

> "杠精"：小张，你看了公司宣布的新制度没有？迟到三次就要扣全勤奖，简直是太苛刻了，没有一点人性！

> 小张：哥，你先消消火，该吃午饭了，你上次推荐的那家中餐厅还不错，我请你。

---

[1] 指蜜獾，它是一种食肉目、鼬科动物。蜜獾的学名是 Mellivora capensis，因其头顶平且背部覆盖一层白色毛发，故得此别名。——编者注

这个时候，无论你是附和对方的抱怨，还是质疑对方的负能量，都会点燃对方更大的怒火。与其把精力消耗到这些无谓的辩论方面，还不如留点余力让内心保持清静。

当然，如果你实在看不惯战斗型"杠精"那种狂妄自大，唯我独尊的样子，想要和他掰掰手腕，也并非不可。但你一定要采取以柔克刚，四两拨千斤的方式。因为战斗型"杠精"就像弹簧，你蹦的力气越大，他就会跳得越高，你的动静越小，他的气势就会越弱：

> "杠精"：小李，你这是做的什么方案啊，简直狗屁不通、漏洞百出！
>
> 小李：是吗？还请你多赐教，我哪些地方需要改正，我刚好可以向你学习。

如此一来，"杠精"的嚣张气焰自然就会慢慢减弱，你也顺利避免了和对方的正面冲突，还赢得了虚心求教的美名。

最后，如果战斗型"杠精"的抬杠已经对你的工作和生活造成负面影响，这个时候就不能再隐忍了，你要旗帜鲜明地亮出自己的底线，对他们说不。比如公司领导让你安排周末团建的地方，不管你说去哪里玩，"杠精"都要和你唱反调。这时你就可以直接怼过去："我们已经达成共识了，周末去郊外野炊，你要是不喜欢可以不参加。"相信再固执的"杠精"，在被你这么怼后，也会黯然哑火。

用品位压制作精型"杠精"

所谓的作精型"杠精"，就是那些自以为品位不凡，经常用自己的审美标准来评价别人的喜好，喜欢对别人的审美情趣泼冷水的"杠精"。这种"杠精"让人讨厌的地方在于，她自己的品位有时明明很低级，却还要强加给你。比如你的一个"杠精"闺蜜陪你逛商场买衣服，不管你试穿什么款式的衣服，她都会喋喋不休地在你面前指指点点，挑毛病，让你逛一整天后空手而归。

和作精型"杠精"相处，我们需要避免和他们发生直接的正面冲突。因为他们和你抬杠并不是要真正给你提出合理的建议，而是想要在你面前展示自己的优越感或引起你的注意。通常来说，作精型"杠精"多多少少都有一些自卑的心理缺陷。如果你的言语触及到他们自卑的内心，就可能招来他们的怨恨。

所以，在面对作精型"杠精"的时候，我们需要对自己的审美情趣和个人爱好保持自信，坚定自己的选择，要知道你的价值不是别人可以评定的，而是取决你自己的认可度。当作精型"杠精"对你的选择提出质疑和批评时，你可以直接告知他们你的审美标准和需求，并运用相关的事实和数据来支持你的选择。如此一来，"杠精"就找不到多嘴的机会了：

"杠精"：小李，这房子太吵了，不能买。

小李：我喜欢热闹的地方。

"杠精"：太吵影响睡眠，睡不好会导致很多健康问题。

小李：没事，我在 KTV 也能睡着。

"杠精"：哎呀，你看这个户型好丑啊。

小李：后期装修可以解决的。

"杠精"：这个小区的中庭打造也没有品位，像安置房。

小李：我已经交定金了。

有时候，面对作精型"杠精"的执着，你可以换一种更柔和的方式，用幽默的语言来应对对方的质疑，这样可以避免你们之间的紧张氛围，并让对方反思，是不是自己的言辞过于尖酸刻薄了：

"杠精"：你怎么能选这种款式呢？这种款式早就落伍了，十多年前的人才会穿。

小李：看来我真的应该与时俱进了。谢谢你的建议，不过像我这样保守的人，还真的挺适合这件衣服。

用这样的方式反击作精型"杠精"，你既没有否定他的观点，给予他审美情趣的充分尊重，也通过幽默自嘲坚持了自己的选择。就算再执拗的"杠精"，此时也不会对你说三道四了。

揭穿遗世独立型"杠精"的假清醒

遗世独立型"杠精"，指的就是喜欢和所有人唱反调，发表与大家的共识格格不入观点的"杠精"。他们自视清高，觉得"举世皆浊我独清，众人皆醉我独醒"。比如国庆期间上映了一部电影，公司所有同事都认为这部电影不错，他却突然冒出一句："你们的眼光都那么差吗？为什么只有我一个人觉得这是一部烂片？"再如，某女性朋友穿了一件刚买的旗袍参加朋友聚会，光彩照人，尽显她的身材和魅力，赢得了所有人夸奖，遗世独立型"杠精"却不屑地泼冷水："都什么年代了，还有人穿旗袍？"

分析遗世独立型"杠精"的心态，他们的言行看似远离世俗，不愿和别人同流合污，希望保持独立的人格和态度。但这种独立是一种有违社会价值观和大众审美情趣的偏执行为。他们喜欢以自我为中心，不承认正确的事情，却又想让自己扭曲的价值观得到世人承认。来看下面这个例子：

同事：小杨的男朋友真的很爱她，每天都要给她送一束鲜花。

小张：送花就是代表爱吗？送花又不能让她随便花。

面对遗世独立型"杠精"的抬杠，我们该如何反击呢？由于这种人太过于自我，你很难用一个被证实的真理说服他们。所以，我们只有从他们的观点入手，像剥洋葱一样，一层层地揭穿他的谬论。比如下面这段对话：

小刘：谁说1+1就只能等于2？两个人结婚了，生了小孩，不就变成三个人了吗？

小李：你这是遗传学领域的问题，我们现在探讨的是数学问题，请不要混淆概念。

遗世独立型"杠精"的观点经常都是漏洞百出，经不起推敲。他们的诡辩水平远不如其他类型"杠精",要想揭穿他们的谬论相对容易。一旦他们陷入理屈词穷的窘况时,就会变得歇斯底里,非常顽固地坚持自己的看法:"我就喜欢这样,你又能怎样?""你不承认是你的事情,反正世界就这样了,曲高和寡,根本找不到一个知音。"

遗世独立型"杠精"的价值观非常悲观,很容易受到社会排斥,一旦他的想法得不到认可,就容易做出过激行为。因此,我们和他们交往时,应多关注他们的心理状态,多从侧面给他灌输一些积极向上的价值观,用一种温和友好的方式,帮助他们纠正错误的自我意识,接受真理,接受大众正确的普世观,避免他因为脱离群体而产生更严重的心理问题。

第十一章
▶ 争吵的艺术

本章精华　生活总有吵吵闹闹

　　生活不只是油盐酱醋，还有吵吵闹闹。心理学研究发现，人与人的沟通，态度的作用占 55%，语气的作用占 38%，而内容的作用只有 7%。这就证实了，要是态度和语气出了问题，争吵就会发生。工作中遇到矛盾，可能和同事争吵，生活中出现分歧，可能和朋友、家人争吵，公共场所发生误会，可能和陌生人争吵。争吵是我们无法避免的情况，是一种沟通的方式。既然如此，我们就要把争吵变成一种有艺术的沟通。

　　不管和谁争吵，我们首先要保证自己不失风度，用理智战胜怒火，竭力避开双方情绪的高点。只有保持冷静，才能有效控制争吵的节奏，避免冲动让矛盾进一步激化。其次，争吵不是制造问题，而是发现问题和解决问题。俗话说得好："有理走遍天下，无理寸步难行。"但难就难在，一旦发生争论，每个人都会维护自己的立场，出现"公说公有理，婆说婆有理"的情况。这时换位思考，站在对方的立场考虑，或许是化解争吵的最佳途径。

　　只要掌握了争吵的艺术，争执的声音就是和解的前奏，矛盾之后，更能显示和谐之美。

当你不得不和领导辩论

每个人都希望在职场中得到公平表达的机会。但我们在面对领导时，这种公平表达的诉求也许不能得到满足。因为不管你的建议或观点是对是错，决策权都掌握在领导手上。这时就会出现两种不好的现象：性格弱势的人干脆选择忍让，多一事不如少一事，懒得和领导多费口舌。性格强势的人则毫不退让，与领导针锋相对，据理相争，一定要分出高下。殊不知，这两种方式都无法解决你和领导的分歧，反而会加深上下级沟通的误会。

当我们因为工作不得不和领导进行辩论时，该如何才能实现有效沟通呢？首先，我们向领导提建议的时候，切记不要刚开口便将领导的意见直接否决。常言道："不在其位，不谋其政"，你是下属，就应该摆正自己的位置，即便领导不对，也要给对方一个台阶下。每个人都会犯错，领导每天日理万机，出现失误也在所难免。当你发现领导的观点有错，或者和你的想法相冲突时，不如先赞美领导再提出你的建议。来看这个场景：

领导：不能因为遇到一点销售困难就降价，如果这个时候主动降价，会让客户对我们失去信心。

小李：领导这种长远的考虑确实有道理，只不过竞争对手都在降价，如果我们不降，就会失去很多客户。

甭管领导的观点是对是错，你都能找到可以赞美的地方。赞美之后，再提出自己的想法，沟通起来就会心平气和。如果你和领导仍然争执不下，情绪越来越激烈，甚至出现了僵持不下的情况，这时继续僵持根本无法解决问题。你应该平衡自己的心态，暂时停止争辩。无论如何，你是下属，有必要主动退让一步，既给领导面子，又显示你宽容的胸怀：

领导：我不同意你的意见，这个月的任务量绝对不能打折，坚决完成！

小李：好吧，我将月度计划完善一下再和您沟通，如果确实有机会完成，我们就按您的意思办。

在意见很难达成一致的时候，主动暂停争辩，给双方一个心平气和自我反思的机会，等到下次再沟通的时候，也许就会简单得多。

一个危机意识非常强的下属，在准备找领导理论之前，会提前预判事态的发展，减少矛盾的发生。这才是和领导争辩时的高明做法。给自己的观点找到令人信服的理由，再预设领导可能提出的问题，并做好应对措施。但如果你的建议最后没有被领导采纳，你决不能因此迁怒领导，甚至有撂挑子的行为。你不妨顾全大局，先服从执行，如果执行的过程中出现问题，再和领导沟通，给予领导纠错的机会。

领导让你和同事各抒己见

头脑风暴是领导做决策的一个重要手段。当领导对某件事犹豫不决时，就会把问题抛给下属，让大家各抒己见地发表看法。对你来说，头脑风暴是展示能力的一个绝佳舞台，如果你发表的意见被领导采纳，为公司带来了好处，无疑会增加你在领导心中的印象分，同事也会对你刮目相看。

要想在头脑风暴中崭露头角，绝非易事。首先，你必须对领导提出的问题有独到的见解和成熟的实施方案，需要做好事前功课，仔细研究碰撞的问题，让想法在心中酝酿成熟，胸有成竹。头脑风暴开始后，你不能因为急于表现率先开口，而是要先听听其他同事的想法。因为别人的想法可以给你带来更多的借鉴，有利于修正自己的观点。哪怕你的想法被同事先说出来，也不要为此感到懊恼。即便大家想法一样，也总会有细节方面的差异：

> 领导：小李，我想听听你的意见。
>
> 小李：同事们提的建议非常棒，我的看法也差不多。只不过，我还要补充一点。

很多时候，面对同一个问题都会出现英雄所见略同的情况，你的补充可能就会起到画龙点睛的作用。

当其他同事在发表意见时，切忌为了急于发表观点打断对方的发言。既然是头脑风暴，我们必须保持对每个人的尊重。同时，也不要轻易否定对方想法，哪怕对方想法不正确，或者和你的想法有分歧，你也要表示赞赏，因为头脑风暴本来就是灵感的碰撞，广开言路，任何想法都有权得到表达。至于是否采纳，那是领导的事情：

> 领导：小李，你认为小王的看法怎么样？
>
> 小李：小王的想法很有创意，在合适的时候可以试试。

如果你的想法被其他同事质疑和反驳时，也不要和对方发生争吵，如果对方的质疑是合理的，你就要虚心接受，如果你认为对方的质疑不合理，你可以心平气和地对自己的观点做一些补充说明。相信领导在听过你们的讨论后，一定会对你和同事的分歧进行考虑和选择。

头脑风暴是一个相互学习和自我提升的机会，抱着虚心的态度，从每个同事的表达和思维方式中汲取营养，哪怕最后你的建议没有被采纳，你也会因此受益匪浅。

办公室优雅斗嘴

职场冲突是我们工作中很难避免的事情。无论是因为工作利益，还是因为私人误会，都会引发办公室内的争吵。当你和同事发生口角时，如何化解矛盾避免事态进一步恶化呢？这时就需要展现吵架的艺术，与同事优雅地斗嘴，让争论的硝烟在你的幽默和睿智中化于无形。

首先，当别人找到攻击你的理由时，不管这个理由是否成立，都不要急着自证。因为在争吵发生时，在别人眼里，他攻击你的任何理由都是成立的。就这个问题和对方你来我往，反而会产生很多新问题。办公室不是法庭，有时你不需要为自己辩护，而是主动反抛问题，掌握争吵的主动权：

小张：你的这个想法根本就是无稽之谈。

小李：如果你认为我的想法没有道理，不妨说说你的想法，让我们一起讨论一下。

当你让对方提出他的看法时，其实就是"请君入瓮"，不但转移了对方对你所持问题的纠缠，还能从对方的想法中找到破绽。

在和同事争吵中，如果对方是一个胡搅蛮缠的人，让你觉得就算有再多道理也说不清，这时你可以巧妙地借助外部力量来说服对方，摆脱被对方牵制的窘况：

小张：这件事不是我的职责，凭什么让我去做呢？

小李：这是老板做的决定，有什么疑问你可以找他聊一下。

不管对方的态度有多么嚣张，面对他的挑事，只要你始终做到以礼相待，既能保持你的风度，还能让对方对自己产生怀疑，有利于缓和剑拔弩张的对立情绪。比如你可以微笑着反问："你怎么会这么想呢？""你的逻辑真的没问题吗？"

既然是优雅地斗嘴，有些底线你必须坚持。首先，不能说脏话，激烈沟通可以，但如果在争吵中带脏字，就是毫无素质的表现。谁先带脏字，不管是否占理，就已经输了。第二，就事论事，不能进行人身攻击。你可以说对方对某个事情缺乏理解，不能指责对方"智商不够"或者"非常自私"。第三，君子动口不动手，如果因为争吵就大打出手，不仅会让矛盾不可调和，伤害彼此的身体，还会因此承担法律责任。

要想优雅地争吵，适当利用一点小幽默也是不错的。一句幽默的反击，不仅可以体现你的智慧，还能缓解紧张的气氛，让气氛变得轻松。比如，对方将一个无理要求强加给你时，你可以反驳："你的要求就好像要我请你喝一杯没有糖的可乐，还要有糖的味道。"

最后我们要记住，职场争吵不是为争输赢，而是解决问题。带着这个目的去争论，就会赢得皆大欢喜的结果。

面对客户刁难如何反击

在服务客户的过程中，我们经常遇到客户无理取闹的情况。明明自己没有错，是客户故意刁难，为什么要一味地忍气吞声呢？不错，在这种情况下我们不能惯着客户，一定要进行有效的反击。但有效的反击不是和客户进行直接对抗，而是通过有效的沟通来化解客户的情绪，让客户认识到自己的错误，赢得客户的尊重。

面对客户的故意刁难，你首先应该深呼吸一下，让自己保持冷静。如果你的情绪受到客户影响，很快就会陷入和客户的激烈争论，导致矛盾的升级。不管客户的诉求或抗议多么无理，要先做好倾听，尝试站在他们的立场理解问题，这样可以帮助你准确地弄清客户的意图。对于客户的任何指责，先表达你的同理心，安抚好客户的情绪：

客户：这件事你一定要给我一个说法，否则我就找你们老板评理！

小李：王总，我理解您的心情。我们先坐下来喝杯茶，慢慢聊好吗？

安抚好客户的情绪后，接下来就要搞清楚客户无端指责是因为沟通产生了误会还是客户接收到的信息出现了偏差。你需要引导客户，说出他内心的真实目的：

小李：王总，为了给你提供更好的帮助，我想向你确认一下，是我们上次沟通的时候我没有做到位吗？

客户：不，是我对这件事有不同的看法，你应该接受我的意见。

当客户陈述他的真实意图时，不管对方的要求多么不合理，都不要打断对方的陈述，让他尽可能地一次性说完。针对客户这些问题，你必须及时提出具体可行的应对措施。如果这些问题太过复杂，一时间找不到解决的办法，或者已经超出了你的权限范围，那就恳请客户，在一定的期限内给他答复。比如这样回答客户："王总，你的这些要求我会及时地反映给领导，三天内给你答复。"不能一味地安抚客户的情绪，做出一些不合理或不该你做主的承诺。

在沟通过程中，要对一些关键信息和承诺做好记录，最好让客户确认签字，从而留下证据，这样能帮助你跟进和解决问题，防止新的纠纷出现。

当然，如果客户对你进行人身攻击，你就要义正词严地提醒客户："让我们就事论事，不要人身攻击好吗？""你这样一味辱骂不能解决问题，请你先冷静。"切莫与客户对骂，那样只能激化矛盾，让你的形象受损。

总之，客户的无理刁难虽然令我们不快，但恰当地应对客户的刁难，也是提升我们服务水平和管理客户能力的机会。只要我们不逃避，不迎合，不对抗，始终保持积极解决问题的心态，完全可以把坏事变成好事。

朋友聚会突然翻脸怎么办

朋友相聚，其乐融融，本是一件非常开心的事情，但也可能会因为话不投机或某件小事发生争吵，闹得不欢而散。遇到这种朋友之间突然翻脸的情况，我们该如何消除误会，停止争吵，化解危机呢？

很多时候，在聚会上发生争吵，都是说错话引起的。抖音上有一个段子相信大家都看过：一个人过生日请朋友吃饭，有人迟迟未到，请客的人就说："该来的怎么还没来呢？"旁边的人听了马上站起来，生气地说："你意思是我不该来吗？"说完就愤然离场。请客的人感到很委屈，又说道："不该走的怎么走了呢？"剩下的人听了，纷纷起身："意思是我们是该走的人吧？"就因为两句话引起的误会，所有的朋友都不悦地离开了。

当然，这个场景只是段子而已，生活中不大可能发生这种乌龙事件。但这个段子还是提醒我们，朋友聚会不能说错话，因为你的一句无心之言很可能让朋友多心，从而引发争执。比如下面这个场景：

> **小李：** 老谢，下次我有做得不对的地方请直接告诉我，不要对我老婆讲好吗？
>
> **老谢：** 你的意思是我在挑拨你们夫妻感情了？

其实小李就是提出自己的建议，希望老谢能和自己直接沟通，但在某种特定场合，比如大家都喝高的情况下，老谢会觉得小李是在怪自己打小报告，发生争执就在所难免了。

朋友聚会突然翻脸，还有一种常见的情况——大家对某件事情的看法争执不下：

小李：我觉得张姐那样对你没有做错，你应该多理解她。

老谢：你和她关系更好，你当然要帮她说话。况且这次受损失的又不是你，你根本没有资格评判。

小李：我只是就事论事，没有针对任何人。

在这种情况下，大家固守各自的看法，如果再继续争吵下去，肯定会不欢而散。所以，当我们在聚会上和朋友发生言语冲突时，最好的办法就是先冷静，不再对这件事发表看法。尝试换一个话题来平息争论，比如你可以说："这件事已经过去了，不要让它影响我们的心情！"

尤其你和对方当着其他朋友的面发生争执时，更应该避免公开的指责和批评。先反思自己的看法是不是错误或者偏激，再站在对方的角度认识这件事。如果你能尊重对方的感受和看法，即便你们之间有一些分歧，也能一语带过、一笑了之。

最后要记住，如果是关系很好的朋友聚会，在发生争吵后一定不能拂袖而去，你因为生气离开聚会，就意味着断了自己的后路，彻底失去挽回关系的机会。

不要在老人面前争吵

夫妻争吵还要分清场合。在公共场合吵架，就是将你们的矛盾暴露在大庭广众之下，犯了中国人"家丑不可外扬"的忌讳。在孩子面前经常争吵，就会给孩子造成童年阴影，影响孩子的健康成长。

除了以上两种场合不能争吵，在老人面前也不能发生争执。不管是面对男方的老人还是女方的老人，给老人造成的心理负担和心理阴影都是很难磨灭的。面对年纪大的父母，我们提倡的是报喜不报忧，有什么事情值得在他们面前吵闹，让他们的晚年不得安宁呢？

在老人面前争吵，会让老人误会，认为是他们和你们生活在一起，才导致了你们夫妻感情不和。这样一来，他们就会主动离开你们的生活圈，即便再孤独冷清，也不忍心打扰你们：

> **妻子：**我每天又是带娃又是做家务，忙得都没有一点私人时间了，你还要我怎么样？

> **丈夫：**如果你觉得做一个家庭主妇太累了，那你出去上班，我来带孩子做家务！

> **老人：**不要吵了，都是我在这里拖累了你们，我明天就回老家。

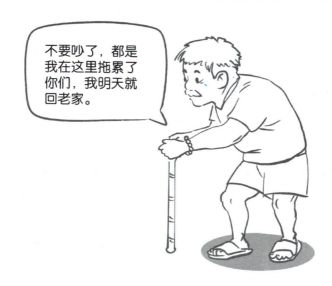

要知道，老人的心思和孩子一样，都是非常敏感的。即便你们的争吵和他们无关，他们也会产生很多不必要的联想。

当你们在老人面前争吵冷战的次数多了，老人就会为你们的婚姻担惊受怕。谁不希望自己的儿女家庭美满呢？但这个时候，很多老人都处于弱势，他们想要劝和却又无能为力，就只有暗自伤心落泪、担惊受怕了。为了阻止你们，他们还有可能做出一些过激的事情：

> **丈夫：**这日子没法过了！

> **妻子：**那就离吧！

> **老人：**你们要是离婚，我就死给你们看！

老人身体较弱，如果还有高血压、心血管疾病这些基础病，那么当他们受了刺激，情绪波动变大，就会导致血压飙升，诱发脑溢血、脑梗塞等疾病，严重危害老人的生命健康。如果因为你们一时置气而导致老人生病的悲剧出现，可能后悔也来不及。

百善孝为先，孝敬父母是为人儿女最基本的责任。在父母面前保持良好的夫妻关系，努力营造和谐美满的家庭环境，这才是对老人最好的尽孝。

幸福退让法则

熟人之间发生争吵，化解起来相对容易。但如果和陌生人发生了争吵，处理起来就要棘手得多。现代社会，人们承受的工作压力和生活压力都比较大，一些看似微不足道的小事，都有可能引发陌生人之间的争吵，甚至变成压垮骆驼的最后一根稻草。新闻中经常报道一些暴力伤害事件，起因都是一些小争吵和小摩擦。所以，当我们不小心和陌生人发生冲突时，一定要懂得"幸福退让法则"。

你着急地等着收一件快递，快递员却姗姗来迟，于是你随口埋怨了快递员几句，谁知就此点燃了对方的怒火，你们爆发了激烈的争吵，最后发展成肢体冲突；你因为骑手送外卖延误了几分钟，就在外卖平台给他进行了差评，还打电话给平台的客服投诉，导致骑手失业。有一天你在上班的路上，骑手突然冲出来，挥刀刺向了你；你带着孩子在街上散步，突然有一只没有拴绳子的狗冲出来，将你的孩子吓哭了，于是你当着孩子的面和狗主人撕打起来……日常生活中，与陌生人的冲突随处可见，有时很难避免。

遇到这些情况，我们首先应该管理好自己的情绪，以换位思考的心态，尝试站在对方的角度理解和原谅对方。比如快递员和骑手迟到的情况，很可能是因为天气不好或堵车的缘故，也可能是他们工作量太大引起的延误。要知道，他们从事的工作本来就不容易，你没必要因为这点小事去责怪对方，甚至要求对方赔偿。相反，如果你对他们充满宽容和理解，更能体现人与人之间的温情：

> **骑手：** 姐，不好意思，外面雨太大了，让你久等了。
>
> **小娟：** 没关系，路上滑，骑车一定要慢点，注意安全。

如果对方正在为生计发愁，内心痛苦沮丧，你作为陌生人的一句关心，一丝微笑，都很可能会让他倍感温暖，振作精神。反之，如果你此时还要抱怨和指责他，无异于火上浇油，可能导致对方冲动之下做出伤害你的事情。

当有家人和孩子在身边的时候，更不要随便和陌生人发生争执，即便起因是别人的不对。比如对方的狗只是惊吓了你的孩子，并没有造成实质性的伤害，你可以心平气和地给对方一些建议：

> **狗主人：** 对不起，对不起，我的狗有没有伤着您的孩子？
>
> **父亲：** 非常幸运，孩子只是被吓哭了。我建议你遛狗时一定要拴绳子，避免下次真的伤到别人。

我们还要特别注意，不要和老人发生争吵。老人身体差，有很多容易因为情绪激动而诱发的疾病。一旦和老人发生冲突，很可能导致对方出现健康问题，甚至危及他们的生命。如果因为一个口角就发生这些不幸，无论是对你还是对老人来说都是一种遗憾。尊老爱幼是一种传统美德，即便发生冲突时，你认为对方蛮横无理，你也应该主动选择忍让。

老祖宗早就教导过我们：出门在外，忍一时风平浪静，退一步海阔天空。如果每个人和陌生人发生冲突时，都懂得"幸福避让法则"，就会减少很多矛盾和悲剧。

第十二章

▶ 善意的谎言

人生总要撒一两次谎

　　国学大师季羡林有一句名言："真话不全说，假话全不说。"虽然诚实是我们必须具备的人生底线和美德，但生活中我们总会遇到被迫撒谎的时候。所以，谎言并非都是欺骗，有些真诚的谎言是为了不让对方担心，或者鼓励对方从低谷中重新崛起。只要你说谎的初衷是因为心中的一份美好和一份真情，你的谎言就是美丽而无害的。

　　有这么一个故事值得我们深思。一个成绩很差的学生被班主任老师请到家里品尝老师亲自包的饺子，吃过饭后，老师和蔼地拍着学生的肩膀，语气坚定地说道："我可以用我几十年的从教经验向你保证，你将来一定是一个有出息的人，所以我才只邀请你来我家吃饺子。"这个学生深受感动，从此刻苦学习，最终考上了一所名牌大学。在毕业时的同学聚会上，他才知道，原来班上所有的同学都去老师家品尝过老师包的饺子。

　　面对老师的这个谎言，学生们会责怪他吗？当然不会！他们反而会感激老师的良苦用心。正如莎士比亚所言："善意的谎言可以让生活变得多姿多彩。"当一个人处于绝望时，一个善意的谎言可以形成一种无形的力量，激发无限的潜能，让他重获新生。

　　人生总要撒一两次谎，希望我们都能在善意的谎言中获取前进的力量。

领导问你忙不忙，先不要正面回答

领导突然见到你，经常都会问你一句："你最近手头的工作忙吗？"这个时候，不管你是不是忙，请不要急着正面回答。因为在非正式场合领导这样问你，可能只是他出于对你的关心随便问问，或者只是随意和你打个招呼，并没有特别目的。这时候你只需回答："谢谢领导关心，一切正常！"如果你实话实说，领导就会停下脚步，追问你的工作。要知道，当领导开始想要了解你的工作进度，或者从你的回答中发现什么问题时，很容易给你造成被动的局面。来看下面这个例子：

> **领导**：小王，最近工作怎样啊？还忙得过来吗？

> **小王**：回领导的话，我这段时间手上事情确实有点多，连续好几个晚上都在加班。

如果你这样回答领导，证明你有想在领导面前表现自己或邀功的心理。但领导有时候并不见得认可你的忙碌。他会觉得，是不是你工作能力不够，工作效率太差，做这么点事情还要拖拖拉拉。或者，他会认为你是在抱怨工作强度太高。如果领导本来想把一件更重要的事情交给你做，听到你说忙，他就会改变主意。

再来看一个例子：

领导：小王，最近工作怎样啊？还忙得过来吗？

小王：回领导的话，我刚把手头的工作做完，不是很忙。

如果你这样回答领导，领导可能会认为给你安排的工作量太少了，下次给你安排任务时就会加倍，等同于你给自己造成了更多的工作负担。

所以，除非是领导在给你安排工作之前问你是不是很忙，你需要根据自己的实际情况如实相告，在这些非正式场合的偶遇，要懂得对领导使用善意的谎言。避免领导对你工作状态的一些误解。

假如你真的很忙，你可以这样告诉领导："谢谢领导的关心。我最近手头有两三个事情在做，目前还能应付得了。等您有空我再向您详细汇报。"稍微将自己的忙碌夸大一点，同时又杜绝了领导马上追问你工作情况的尴尬。

假如你最近很闲，你可以这样回答领导："谢谢领导的关心，您上次交给我的那件事马上就快收尾了。目前我还在准备另外一个计划，等您空了我向您汇报。"这样的回答，可以巧妙地掩饰自己难得享受的清闲时刻，还让领导觉得你对工作的节奏把握得当。当他给你布置新任务时，就不会随便给你加量。

所以，在领导面前的善意谎言，玩的不一定是心机，而是一种高超的职场智慧。

换种表达方式忠言也顺耳

"良药苦口利于病，忠言逆耳利于行"，这句话告诉我们，越是对人有帮助的话就越难听。那么，这是否意味着，我们在劝解一个人的时候都要说这些难听的老实话呢？其实未必。有些面子薄，心理脆弱或性格固执的人，听到这些逆耳的忠告，反而会激起更大的抵触情绪。对他们来说，善意的谎言也许更能接受。

如果孩子沉迷网络游戏，影响了学习，你直接采取说教的方式，滔滔不绝地告诉他打游戏的危害，甚至对他的这种行为进行批评指责，肯定会激发他逆反的心理。但如果你换一种方式和他沟通，效果就会大不相同：

父亲：孩子，以你的游戏天赋，如果我早点培养你，你一定可以成为一个职业电竞选手。

儿子：此话当真？你也觉得我打游戏的水平不错吗？

父亲：是啊，只是现在时机不对，所以你还是得以学业为重啊。

朋友做生意失败，欠了一屁股外债，每天借酒消愁。你如果直接开导他颓废不能让自己翻身，会让他觉得你是看不起他，更加打击他的信心。但是你编造一个自己没有发生的相似经历来鼓励他，或许更能让他看到希望：

王哥：小张，我当年投资失败比你还惨，欠的债比你还多，但我还是挺过来了。你看我现在不是过得很好吗？

小张：谢谢王哥，请王哥多给我传授一些东山再起的经验。

我们都知道，一个医生在面对绝症病人时，通常会隐瞒真实的病情，让病人在面对疾病时更乐观，更有勇气。欧·亨利有一篇著名的短篇小说《最后一片叶子》，讲述了一个年轻的画家得了肺炎病入膏肓，她将生命的最后希望寄托在窗外最后一片常春藤上，认为常春藤枯萎之时就是自己生命走向尽头的时候。一个老画家为了鼓励她和病魔做斗争，就在这棵树上画了一片假的树叶。年轻画家看着这片树叶在寒风中依然没有枯萎凋落，于是重新燃起了求生的欲望。

言语是锋利的武器，过于实在就容易伤害人。很多时候，我们在劝说别人时使用一句善意的谎言，就如同给了别人最后一片希望的树叶。和那些直来直去的实话相比，一句美丽的谎言不仅听起来更悦耳，所起到的激励作用也更令人惊叹。

适当给真话加料

来看鲁迅先生在《立论》中讲述的一个小故事：某个大户人家喜得贵子，邻居纷纷前来祝贺。有人夸耀："这孩子将来一定能发大财！"有人称赞："这孩子将来肯定可以做大官！"这两个溜须拍马的人都获得了主人的感谢。只有一个喜欢说实话的人叹息道："这孩子将来一定会死！"结果说实话的这个人被主人痛打一顿赶了出去。

说这个孩子将来发财或做官的人，他们说的是不是真话？也许是，也许不是，但这孩子总有机会发财或做官。这种似真非真的话让人听了十分舒服。恰恰是挨打的那个人，因为说出了"人总是要死"的大实话，不是在诅咒这个孩子吗？被人痛打纯属自讨苦吃。

还是让我们回到季羡林老先生的那句经典的警示之语："真话不全说，假话全不说。"如果把真话当成一种优质的食材，适当给它添加一点佐料，会让它的味道更加可口。比如，如果你要说的真话可能会引起别人的反感，你就可以选择性地说一部分给他听，或者稍微美化一下。只要不让真话的性质发生改变，这些都算不上恶意的谎言。

来看下面这个我们经常可见的场景：

> **女：** 亲爱的，你到底还能爱我多少年呢？

> **男：** 当然是一万年。

没有人可以活到一万年，但为什么女人听到男人这么表白，非但不觉得他在撒谎，反而会感到心花怒放呢？这就是真话添加了佐料带来的美好感觉。

再看一个令人泪目的例子。一个男人英年早逝，在他的葬礼上，三岁的女儿看着父亲的遗体，就问母亲父亲怎么了：

> **女儿：** 妈妈，爸爸怎么了，他为什么不理我呢？

> **母亲：** 好孩子，爸爸睡着了，不要打扰他好吗？

试想，如果母亲告诉女儿父亲去世了，且不说三岁的孩子能否理解死亡的真正意义，就算她能理解，知道自己的父亲再也回不来了，肯定会伤心不已。用这个善意的谎言欺骗女儿，至少在她懂事前可以减少一些悲伤。等她真正领悟死亡的意义时，再对她说明原委也不迟。

所以，真话不是不可说，但在面对不同的场合，一定不能说得失去分寸。该对谁说真话，哪些真的内容该说，哪些真的内容需要回避，我们必须通过生活的历练和人生的经验积累，掌握好它的分寸。谨言慎行，多照顾一下听者的感受，这才是聪明的行为。

背后议论别人说好话

背后议论别人，很容易惹来搬弄是非的麻烦。但人际交往中，我们免不了对别人作出评价。比如你的领导当着你的面，问起某某同事的情况，这时你是应该实话实说，还是应该有所保留？

高情商的人在背后谈论别人时，总会说别人的好处，不会轻易谈论别人的缺点。哪怕是有时必须要暴露别人的不足，也会用一种更委婉和折中的方式。来看下面这个例子：

小李：我听说王哥最近在外面欠了好多钱，你和他走得近，知道这事吗？

小刘：不会吧？我和他也好久没有联系了。

就算你知道对方欠钱的事情，也可以用这种佯装不知的方式搪塞过去。这样既是对朋友名声的一种保护，也不会落下说朋友坏话的口实。

公司准备提拔一名新经理，人事部领导开展民意调查，让你对两名候选人的情况进行评价，这时无论你支持谁，反对谁，都要直言别人的优点，避免谈论别人的缺点：

领导：小王，如果让你在刘姐和张哥之间选一个做经理，你会选谁？

小王：我觉得他俩都很优秀。

> **领导**：少给我打马虎眼，这是民意调查，你必须说真实的想法。
>
> **小王**：刘姐的亲和力凝聚力非常强，张哥在业务方面的人脉很广，他们都可以胜任。

如此回答，就可以让领导自己去权衡，这个新经理的职位究竟偏重团队建设还是偏重业务拓展。

当然，还有一种情况，如果有人非要让你对别人的缺点作出看法，你该怎么回答呢？比如有朋友喝醉酒打架被抓了，你和几个朋友一起吃饭时刚好谈起此事。当其他人都在纷纷批评这位朋友贪杯、脾气差，被抓罪有应得的时候，你可以这么打圆场："人非圣贤孰能无过，只要他能从这次事件中汲取教训，就还是我们的好兄弟。"

即便对方是你最憎恶的人，在其他人面前谈起他时，也要表示出对他的谅解或欣赏，以显示你宽容待人的心态。比如这个场景：

> **张哥**：小李，王大胖经常打你小报告，人品太差了，你还是少和他交往。
>
> **小李**：没事，大家都是朋友，我会和他沟通好这些事情的。

人性就是如此，如果你当着一个人面说他好话，他和别人都会以为你是在奉承或讨好他，对他有所求。但你在他不知道的情况下说这些好话时，当他知道以后，就会认为你是真心的，才会领你的情，对你充满感激。所以，一定要记住这句话："当面说的坏话不算坏话，背后说的好话才是好话。"

如何用善意谎言拒绝相亲对象

相亲就像刮彩票，经常遇到的都是不喜欢或不合适的人，当遇到相亲对象对不上眼的时候，我们该如何拒绝对方才不会让对方难堪呢？有的人性格直爽，快人快语，会直接了当说出对方的缺点，比如："不好意思，你的性格太内向了，与我不合适！""你这工作经常要出差，我不能接受一个不能照顾家庭的人。"

如果你总是这样通过别人的缺点来拒绝对方，遇到性格开朗的人可能不会计较，但如果遇到对方是一个好面子，小肚鸡肠的人，他就会觉得受侮辱，甚至会用你的缺点反击你，从而将相亲变成争吵，闹得不欢而散：

小魏：对不起啊张先生，我觉得你目前的收入达不到我的期望。

张哥：是吗？这年头不是每个女人都可以钓到金龟婿的。人得有自知之明。

毫无疑问，如果相亲过程中出现这种剑拔弩张的对话，就算不会爆发争吵，也会让彼此的心情都不愉快，甚至会影响你相亲的信心。

来看正确的处理方式：

小魏：张先生，你各方面条件都让我满意，只是我妈妈身体不好，还要供弟弟上学，我担心你和我在一起压力会很大。

张哥：没关系，我们可以做朋友吧。

同样是对对方的收入不满意，但用这种方式说出来，会让对方觉得你是在为他考虑，尽显你的体贴和宽容。

相亲过程中，如果话不投机，你想离开，但对方却还是喋喋不休聊不停，你该怎么找借口呢？你可以直接礼貌地拒绝对方："非常抱歉，我下午还有一个重要的会议需要提前准备，我们下次再聊吧！"如果你觉得这样直接告辞会让对方不悦，不妨用微信向朋友求助，让他给你打个电话，然后名正言顺地告诉对方，你有急事需要和其他人见面，下次再聊了。

相亲结束后，你已经明确表示你们不合适，但对方还是对你死缠烂打，又是送花又是点外卖，甚至到你家门口堵你，如何让对方彻底死心呢？面对这种一厢情愿的纠缠，你可以继续以德服人，给对方讲道理。如果对方还是不罢休，索性找一个朋友冒充你的恋人，告诉对方你已经名花有主了。如果做了这些努力都还不能阻止，就只能采取强硬态度，警告对方，如果再这样骚扰自己的生活，你就要报警。

相亲这件事说到底就是一件技术活，不是心直口快就能赢得对方好感。如果你在这个过程中表现出高情商，就算不能成功，也能提升自己的交际能力，运气好的话，还能收获一份对自己事业和生活都有帮助的人脉资源。

那些说给孩子听的善意谎言

每个人小时候都有被父母欺骗的经历。现在回想起父母这些谎言，你非但不会责怪父母，反而变成了童年记忆中最有趣，最美好的部分。比如每次过年得到压岁钱，母亲都会眨眨眼睛，笑嘻嘻地对你说："宝贝，让妈妈帮你把压岁钱存起来吧，你自己保管容易弄丢。"只不过，父母帮你保管的压岁钱每年都会神秘地不翼而飞。

当我们为人父母之后，也会面临着同样的情况，为了安慰或教育孩子，让孩子懂得某个道理，不得不在他们面前说一些善意的谎话。比如你的孩子喜欢吃糖，每次出门都要让你给他买糖食回来，如果发现你没有给他买，就会哭闹耍横。这时你就会骗他说："宝贝，不是妈妈不给你买，而是今天零食店的阿姨有事没有开门。"

通常来说，这些谎言都是在孩子两三岁的时候我们才会说，因为这个年龄段的孩子认知能力不足，比较容易相信父母的话。但必须记住，你在撒谎时，不要歪曲事物的本质和客观性，让孩子对事物造成错误的认识。比如下面这个场景：

> 孩子：妈妈，我要嗑瓜子。

> 母亲：宝贝，瓜子是辣的，小孩子不能吃。

这位妈妈的本意是，担心孩子太小，吃瓜子卡喉咙发生意外。但她歪曲了瓜子的味道。试想，生活中哪里有辣味的瓜子呢？一旦孩子长大一点，尝过瓜子的味道后，你的谎言就不攻自破了。你很可能因此失去孩子的信任，当你再提醒他不适合他吃的食物时，他就很难再接受你的建议。

还有一句父母喜欢给孩子说的谎话，听起来更像是一句玩笑话：

> 孩子：妈妈，我到底是怎么来的？

> 母亲：你是妈妈从垃圾堆捡回来的。

这句纯粹玩笑的谎言，看似无伤大雅，不会对孩子造成什么影响，但我们还是少在孩子面前说为好。父母喜欢说这句谎言，就是因为他们觉得孩子太小，没法给孩子解释清楚人如何孕育和出生这个复杂的过程。但如果一个性格敏感的孩子听到父母这么说了，就会在幼小的心里留下一些阴影。比如他犯错的时候你责怪他，他就会理所当然地认为，因为自己是捡回来的，所以爸爸妈妈不疼自己，才会打骂自己。其实这个时候，你完全可以换一种孩子能够理解的说法："宝贝，你是从妈妈肚子里出来的。你出生前一直住在妈妈肚子里，那是妈妈为了保护你。"这样一来，既可以启蒙孩子对生命的认知，还加深了和孩子的情感。

所以，当孩子处于幼儿时期，我们可以对他们说一些善意的谎言。但这些谎言不能脱离事实，歪曲事物的本质，而是要让你的谎言像童话一样美丽有趣，让孩子幸福成长的同时可以在认知方面得到启发。

失恋了，父母问起如何回答

对大龄青年来说，最害怕就是父母催婚。好不容易谈了一个对象，正准备过年带回家让父母安心，却突然因为某件事分手了，你该如何向父母交代呢？如果实话实说，肯定会被父母骂得狗血淋头，父母在数落你的同时更会为你担心。这时，你不妨找个理由搪塞过去，在合适的时候再对他们解释：

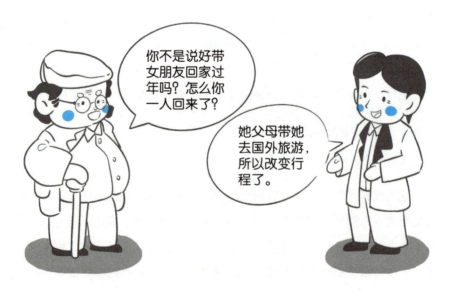

父亲：你不是说好带女朋友回家过年吗？怎么你一人回来了？

儿子：她父母带她去国外旅游，所以改变行程了。

　　在父母面前，不管失恋带给你多大的痛苦，都要尽量克制自己的情绪。如果你真需要父母的安慰和支持，不妨实情相告。但当父母问起你分手的原因时，你还要考虑父母的感受，避免谈一些在父母看来无法接受的分手原因：

母亲：你们感情不是一直都很好吗？怎么能说分就分呢？

女儿：感情的事情随缘吧，可能我们双方都有责任吧！

　　如果父母坚持想要了解你失恋的内情，就不要再故意推诿了。选择一个合适的时间，找一个安静、舒适和无外人打扰的地方与他们交流，这样可以更好地说出你的想法与感受。要保证你分手的理由基于事实，充分合理。在交谈的时候，控制好情绪，不要表现出消沉悲伤，而是要冷静和有耐心，让父母知道，你已经从这次感情挫折中走了出来。同时，不管父母是不是认同你的选择，都要虚心接受他们的建议，尊重他们的感受。不能因为父母的责怪就和他们发生争吵，甚至情绪失控，让你的态度和言语伤害到他们。比如千万不要说这些话："你又不是当事人，怎么知道我的感受？""我已经不是小孩了，我的事情不用你们管！"

　　其实，在父母心目中，不管儿女到了什么年龄，都是长不大的孩子。就算是因为你做得不好导致失恋，他们也不会过多地埋怨你，只会给你安慰和鼓励。将每一次感情挫折当成你在父母面前犯的一个小小的错误，就像小时候你做过的一些错事，如此一来，你就不会因为害怕伤害父母而苦恼，就会在他们的陪伴下获得又一次成长的机会。

我和你妈同时落水该救谁

　　对男人来说，世界上最难回答的问题是什么？不是女人问"你到底爱不爱我？"，也不是女人问"你是不是藏了私房钱？"，而是这个千百年都解释不清的问题："我和你妈同时落水，你到底该救谁？"

　　要想回答这个棘手的问题，我们需要探究一下，为什么很多女人都喜欢拿这个问题考验男人，她们的心理动机到底是什么？通常来说，女人在恋爱阶段一般都不会拿这个问题为难男友，这个阶段女人突然抛出这个问题是非常不合适的。因为亲情浓于水，拥有血缘关系的父母亲情，无论从道德的角度还是法律的角度，都比亲密的恋人关系更重要。如果这时你拿这个问题考验男友，肯定会引起他的反感：

女：亲爱的，如果我和你妈同时落水，你先救谁呢？

男：你没有发烧吧？怎么会问这种幼稚的问题！

但结婚后就不一样了，夫妻关系和子女与父母的关系一样，都是亲人，都会受到道德和法律的保护与制约。这时候妻子突然用这个问题考验你，她有可能是一时心血来潮和你开玩笑，通过你的回答看你是不是一个有智慧的丈夫。有可能是存心考验你，试探她和你的父母在你心目中的重要程度。比如一个女人在婆婆那里受到委屈，通常都会拿老公出气，逼迫他做出这种选择。

只要分清女人提这个问题的动机，就能给出她满意的答案了。首先，你不能为了照顾她的情绪，顺口就回答："当然是先救你了！"这样会让她觉得你是应付她，试问有哪个爱自己母亲的儿子会置母亲的生死不顾？当然，你更不能回答："我先救我妈，因为她年纪大！"这样肯定会招来一顿暴风骤雨。同样，你更不能回答："两个一起救！"她听了，一定会再给你一个前缀："如果当时的条件只能救一个呢？"这时你就无法回答了。

如果老婆这样问你的动机纯属开玩笑，考验你的反应能力，你也可以顺势打个哈哈，敷衍过去：

女：老公，如果我和你妈同时落水了，你会先救谁？

男：你和我妈都很善良，不会这么倒霉的！

女：我是说如果。

男：如果啊，如果这是真的，我会变成超人，把你们同时救起来。

本来就是夫妻之间开玩笑，你搞笑的回答只要能逗她开心一笑就行了。但如果老婆刚刚和你的母亲发生矛盾，处于气头上问你这个问题时，你就要撒一个小谎，避免这个雷区：

女： 你老实告诉我，如果我和你妈同时落水了，你到底先救谁？

男： 回答这个问题前，先告诉你一个秘密吧。其实我妈从小就会游泳，虽然她年龄大了不再下水了，但游泳这技能就和骑自行车一样，一辈子都不会丢。所以如果出现你说的这种糟糕情况，我和我妈都会一起来救你。

真实的情况就是，你的母亲根本不会游泳。但你通过一个善意的谎言避开了"先救谁"这个雷区，就是在告诉你的老婆，这个问题根本不成立。而且当她遇到危险时，无论是你还是你的母亲都会奋不顾身地救她。这样的回答不仅让你成功脱困，还让老婆意识到，婆媳之间一点小矛盾，并不能影响一家人的爱。